AF314193

PANDORE.

ESSAI

SUR

LE CARACTERE, LES MŒURS

ET L'ESPRIT

DES FEMMES

DANS LES DIFFÉRENS SIECLES.

Par M. THOMAS,

De l'Académie Françoise.

Duchesne

A PARIS,

Chez **MOUTARD**, Libraire de Madame
la Dauphine, rue du Hurepoix, à
S. Ambroise.

<hr>

M. DCC. LXXII.

Avec Approbation, & Privilége du Roi.

*F*ÉNELON *a écrit sur l'éducation
des femmes ; d'autres Ecrivains plus
ou moins célébres ont traité après lui
le méme sujet; & peut-étre y auroit-il
encore un Ouvrage nouveau à faire
sur cet objet, un des plus négligés &
des plus utiles. Ce n'eſt point ici le
but qu'on ſe propoſe ; mais on offre
un tableau hiſtorique , & comme un
réſultat de faits & d'expériences qui
peut ſervir de baſe à un ouvrage de
raiſonnement. On verra par-là peut-
étre que les femmes ſont ſuſceptibles
de toutes les qualités, que la religion,
la politique , ou le gouvernement vou-
droient leur donner.*

*Ce morceau qu'on peut regar-
der comme faiſant partie de l'Hiſtoire des mœurs, eſt détaché d'un ouvrage plus conſidérable qui n'a point
encore paru , & où l'on examine l'uſage ou l'abus que l'on a fait de la louan-
ge dans tous les ſiècles. Par une ſuite*

de ce plan, on cherchoit les divers genres de mérite qui ont diſtingué les femmes les plus célébrées dans les diﬀérentes époques de l'hiſtoire ; & à cette occaſion on parloit quelquefois des éloges qui en ont été faits.

Quelques perſonnes ont paru deſirer que ce morceau fût détaché du reſte : & on le donne ici ſéparément.

ESSAI

ESSAI

SUR

LE CARACTERE, LES MŒURS

ET L'ESPRIT

DES FEMMES

DANS LES DIFFÉRENS SIECLES.

Si l'on parcourt les pays & les siècles, on verra presque par-tout les femmes adorées & opprimées. L'homme qui jamais n'a manqué une occasion d'abuser de sa force, en rendant hommage à leur beauté, s'est par tout prévalu de leur foiblesse. Il a été tout à la fois leur tyran & leur esclave: La nature elle-même en formant des êtres si sensibles & si doux, semble

A

s'être bien plus occupée de leurs charmes que de leur bonheur. Sans cesse environnées de douleurs & de craintes, les femmes partagent tous nos maux, & se voient encore assujetties à des maux qui ne sont que pour elles. Elles ne peuvent donner la vie sans s'exposer à la perdre. Chaque révolution qu'elles éprouvent, altère leur santé & menace leurs jours. Des maladies cruelles attaquent leur beauté : & quand elles échappent à ce fléau, le tems qui la détruit, leur enlève tous les jours une partie d'elles-mêmes. Alors elles ne peuvent plus attendre de protection que des droits humilians de la pitié, ou de la voix si foible de la reconnoissance.

La société ajoute encore pour elles aux maux de la nature. Plus de la moitié du globe est couverte de sauvages ; & chez tous ces peuples les femmes sont très-malheureuses. L'homme sauvage, tout à la fois féroce &

(3)

indolent , actif par néceffité , mais
porté par un goût invincible au repos , ne connoiffant prefque que le
phyfique de l'amour, & n'ayant aucune
de ces idées morales , qui feules adou-
ciffent l'empire de la force , accoutumé par fes mœurs à la regarder
comme la feule loi de la nature ,
commande defpotiquement à des êtres
que la raifon fit fes égaux , mais que
la foibleffe lui affujettit. Les femmes
font chez les Indiens ce que les Ilotes
étoient chez les Spartiates, un peuple
vaincu obligé de travailler pour les
vainqueurs. Auffi a - t - on vu fur les
rives de l'Orénoque des meres par
pitié tuer leurs filles & les étouffer
en naiffant. Elles regardoient cette
pitié barbare comme un devoir.

Chez les Orientaux vous trouverez
un autre genre de defpotifme & d'empire, la clôture & la fervitude domeftique des femmes , autorifées par les
mœurs , & confacrées par les loix. En

(4)

Turquie , en Perſe , au Mogol , au
Japon & dans le vaſte Empire de la
Chine, une moitié du genre humain
eſt opprimée par l'autre. L'excès de
l'oppreſſion y naît de l'excès de l'a-
mour même. L'Aſie entière eſt couverte de ces priſons où la beauté eſ-
clave attend les caprices d'un maître.
Là des multitudes de femmes raſſem-
blées n'ont des ſens & une volonté
que pour un homme. Leurs triomphes ne ſont que d'un moment; &
les rivalités , les haines , les fureurs
ſont de tous les jours. Là elles ſont
obligées de payer leur ſervitude même
par l'amour le plus tendre, ou ce qui
eſt plus affreux , par l'image de l'a-
mour qu'elles n'ont pas. Là le plus
humiliant deſpotiſme les ſoumet à des
monſtres qui n'étant d'aucun ſexe,
les deshonorent tous deux. Là enfin
leur éducation ne tend qu'à les avilir; leurs vertus ſont forcées ; leurs
plaiſirs même triſtes & involontaires;

(5)

& après une exiftence de quelques années , leur vieilleffe eft longue & affreufe.

Dans les pays tempérés, où le climat donnant moins d'ardeur aux défirs , laiffe plus de confiance dans les vertus , les femmes n'ont pas été privées de leur liberté; mais la légiflation févère les a mifes par-tout dans la dépendance. Tantôt elles furent condamnées à la retraite, & féparées des plaifirs comme des affaires. Tantôt une longue tutelle fembloit infulter à leur raifon. Outragées dans un climat par la polygamie qui leur donne pour compagnes éterneiles leurs rivales; afférvies dans un autre à des nœuds indiffolubles qui fouvent joignent pour jamais la douceur à la férocité, & la fenfibilité à la haine ; dans les pays où elles font les plus heureufes, gênées dans leurs defirs, gênées dans la difpofition de leurs biens, privées de leur volonté même.

dont la loi les dépouille, efclaves de l'opinion qui les domine avec empire , & leur fait un crime de l'apparence même ; environnées de toute part de juges qui font en même tems leurs Séducteurs & leurs tyrans , & qui après avoir préparé leurs fautes, les en puniffent par le deshonneur, ou ont ufurpé le droit de les flétrir fur des foupçons ; tel eft à-peu-près le fort des femmes fur toute la terre. L'homme à leur égard, felon les climats & les âges, eft ou indifférent ou oppreffeur ; mais elles éprouvent tantôt une oppreffion froide & calme qui eft celle de l'orgueil , tantôt une oppreffion violente & terrible qui eft celle de la jaloufie. Quand on ne les aime pas, elles ne font rien quand on les adore , on les tourmente. Elles ont prefqu'à redouter également & l'indifférence & l'amour. Sur les trois quarts de la terre , la nature les a placées entre le mépris & le malheur.

Chez les peuples mêmes où elles
exerçoient le plus d'empire, il s'eſt
trouvé des hommes qui ont prétendu
leur interdire toute eſpèce de gloire.
Un Grec célèbre (1) a dit que la
femme la plus vertueuſe étoit celle
dont on parloit le moins. Ainſi en
leur impoſant les devoirs, cet homme
févère leur ôtoit la douceur de l'eſtime publique ; & exigeant d'elles les
vertus, leur faiſoit un crime d'aſpirer
à l'honneur. Si une d'elles avoit voulu défendre la cauſe de ſon ſexe, elle
auroit pu lui dire : quelle eſt votre
injuſtice ? Si nous avons droit aux vertus comme vous, pourquoi n'aurions-
nous pas droit à l'éloge ? L'eſtime
publique appartient à qui ſait la mériter. Nos devoirs ſont différens des
vôtres ; mais quand ils ſont remplis,
ils ſont votre bonheur, & le charme
de la vie. Nous ſommes épouſes &

---

(1) Thucidide.

mères ; c'eft nous qui formons les liens & la douceur des familles. C'eft par nous que s'adoucit cette rudeffe un peu fauvage, qui tient peut-être à la force, & qui, à chaque inftant peut faire d'un homme, l'ennemi d'un homme. Nous cultivons en vous cette fenfibilité qui s'attendrit fur les maux; & nos larmes vous avertiffent qu'il y a des malheureux. Enfin, vous ne l'ignorez pas, nous avons befoin de courage comme vous. Plus foibles, nous avons peut-être plus à vaincre. La nature nous éprouve par la douleur, les loix par la contrainte, & la vertu par des combats. Quelquefois auffi le nom de citoyenne exige de nous des facrifices. Quand vous offrez votre fang à l'Etat, fongez que c'eft le nôtre. En lui donnant nos fils & nos époux, nous lui donnons plus que nous-mêmes. Sur les champs de bataille vous ne faites que mourir, & nous avons le malheur de

furvivre à ce que nous aimons le plus.
Eh quoi ! tandis que votre altière vanité eft fans ceffe occupée à couvrir
la terre de ftatues, de maufolées &
d'infcriptions, pour tâcher, s'il eft
poffible, d'éternifer vos noms, & de
vivre encore quand vous ne ferez plus,
vous nous condamnez à vivre igno-
rées ? Vous voulez que l'oubli & un
éternel filence foient notre partage ?
Ne foyez pas nos tyrans en tout.
Souffrez que notre nom foit prononcé quelquefois hors de l'enceinte
étroite où nous vivons. Souffrez que
la reconnoiffance ou l'amour le grave fur la tombe où doivent repofer
nos cendres ; & ne nous privez pas
de cette eftime publique, qui après
l'eftime de foi-même eft la plus douce
récompenfe de bien faire.

Il faut convenir que tous les hommes n'ont pas été également injuftes.
Dans quelques pays on a rendu des
hommages publics aux femmes. Les

arts leur ont élevé des monumens.
L'éloquence a célébré leurs vertus.
Une foule d'Ecrivains s'est plu à re-
cueillir tout ce qu'elles ont fait d'é-
clatant. Sans entrer dans des détails
qui fatigueroient peut-être par leur
uniformité, je voudrois voir en général quelles sont les qualités & les
diverses sortes de mérite dont les
femmes sont susceptibles , jusqu'où
le gouvernement , les circonstances
& les loix peuvent les élever, & les
rapports secrets de la politique avec
leurs mœurs. Je vais donc examiner
rapidement ce qu'ont été les femmes
dans les différens siècles , & comment l'esprit de leur temps ou de
leur nation a influé sur leur caractère.
Ce sera, pour ainsi dire, l'histoire de
cette partie du genre humain que
l'autre flatte & calomnie tour-à-tour,
& quelquefois sans la connoître: car
il en est des femmes comme des Souverains à qui on dit rarement la vé-

rité , & qu'on apprécie bien plus par
intérêt ou par humeur, que par juftice. Cet Ouvrage ne fera ni un panégyrique , ni une fatyre , mais un
recueil d'obfervations & de faits. On
verra ce que les femmes ont été, ce
qu'elles font, & ce qu'elles pourroient
être.

Nous trouvons d'abord dans Plutarque, le panégyrifte & le juge de
tant d'hommes célèbres, un Ouvrage
intitulé : *Les actions vertueufes des
Femmes*. Il eft adreffé à une d'elles ,
nommée *Cléa* , que l'on connoît peu ;
mais fa liaifon feule avec le Philofophe de Chéronnée , l'a fait mettre
par quelques Ecrivains au rang des
femmes philofophes. Il blâme à la
tête de cet Ouvrage ceux qui ont
voulu priver les femmes des juftes
éloges qui leur font dus. » On pour-
» roit, dit-il, faire le paralièle d'Ana-
» créon & de Sapho, de Sémiramis
» & de Séfoftris, de Tanaquil & de

» Servius, de Brutus & de Portie.
» Les talens & les vertus font modi-
» fiés par les circonftances & les per-
» fonnes, mais le fond eft le même ;
» il n'y a, pour ainfi dire, que la fur-
» face & la couleur de différentes «.
Il parle enfuite d'un grand nombre
de femmes de toutes les nations, qui
ont donné des exemples de courage,
& d'un mépris généreux pour la mort.
Il cite des Phocéennes, qui avant un
combat où il s'agiffoit de la deftruc-
tion de leur ville, confentent à s'en-
fevelir dans les flammes, fi la bataille eft perdue, & couronnent de
fleurs le premier qui a ouvert cet avis
dans le Confeil ; d'autres qui dans une
ville affiégée font rougir les hommes
d'une capitulation indigne ; d'autres
qui dans une bataille, voyant fuir
leurs fils & leurs époux, courent au-
devant d'eux, leur ferment le paffa-
ge, & les forcent de retourner à la
victoire ou à la mort ; d'autres qui

(13)

dans un siége volent au rempart, dé-
fendent leur ville, & repoussent une
armée ; plusieurs qui résistent à des
tyrans & les bravent, & qui au moment que le tyran n'est plus, courent en dansant au-devant des conju-
rés, & les couronnent de leurs propres mains ; plusieurs qui rendent
elles-mêmes la liberté à leur patrie ;
quelques-unes qui s'exposent à la
mort, & se chargent de chaînes pour
sauver leurs époux prisonniers ; Cam-
ma qui à l'autel s'empoisonne elle-
même pour empoisonner l'assassin de
son mari, & se tournant vers lui, *je
n'ai vécu, dit-elle, que pour venger
mon époux. Il l'est. Toi maintenant,
au lieu d'un lit nuptial, ordonne
qu'on te prépare un tombeau ;* enfin
des femmes de la Gaule, qui dans
une guerre civile se jettent entre les
deux armées, séparent & réconcilient
les combattans, & par-là méritent
l'honneur d'être admises depuis aux

délibérations publiques, & quelquefois d'être prifes pour arbitres entre
des nations.

A ces qualités généreufes & altiè-
res, par lefquelles il femble que les
femmes fe foient élevées au-deffus
d'elles-mêmes, Plutarque en joint de
plus douces, & qui tiennent de plus
près au charme comme au mérite naturel de leur fexe. Il loue les femmes
d'une ifle de l'Archipel , où en fept
cents ans, dit-il, on ne put citer un
exemple, ni d'une foibleffe dans une
jeune perfonne , ni d'adultère dans
une femme : & les jeunes Miléfien-
nes, dont il cite un trait qui mérite
l'attention d'un philofophe. Elles fe
donnoient la mort en foule, fans doute
dans cet âge où la nature faifant naître
des defirs inquiets & vagues, ébranle
fortement l'imagination , & où l'ame
étonnée de fes nouveaux befoins, fent
fuccéder la mélancolie au calme &
aux jeux de l'enfance. Rien ne pou-

voit arrêter les fuicides. On fit une loi qui condamnoit la première qui fe tueroit, à être portée nue & expofée dans la place publique. Ces jeunes filles bravoient la mort. Aucune n'ofa braver la honte après la mort même : & les fuicides cefsèrent (*a*).

---

(1) Plutarque dans le même Livre cite encore un trait d'une femme, qui même aujourd'hui pourroit fervir d'excellente leçon d'économie politique. Un Roi qui croyoit que l'or étoit les richeffes, épuifoit les habitans de fon pays au travail des mines. Tout périffoit. Les habitans ont recours à la Reine. Elle fait faire en fecret par des Orfèvres des pains d'or, des viandes & des fruits d'or, & au retour d'un voyage, les fait fervir au Prince. Cette vue le réjouit d'abord. Bientôt il fent la faim, & demande à manger. Nous n'avons que de l'or, dit-elle, vos terres font en friche, elles ne rapportent rien ; on vous fert ce que vous aimez, & la feule chofe qui nous refte. Le Roi l'entendit, & fe corrigea. Ce trait peu connu mériteroit d'être embelli par l'Ecrivain ingénieux & piquant, qui fait de l'apologue un cours de morale pour les jeunes Princes.

Outre cet Ouvrage de Plutarque, nous en avons un autre en l'honneur des femmes Spartiates, où il cite d'elles une foule de mots qui annoncent le courage & la force. C'est-là qu'on retrouve des ames toutes différentes de celles que nous connoissons; la nature immolée à la patrie; l'honneur mis avant la tendresse; le nom de citoyenne préféré au nom de mère; des larmes de joie sur le corps d'un fils percé de coups; des mains maternelles armées contre un fils coupable de lâcheté; des ordres de mourir envoyés à un fils soupçonné d'un crime; la douleur & la plainte regardées ou comme une foiblesse, ou comme un outrage; l'intrépidité jusques dans la servitude, & l'exemple d'une d'entr'elles, qui prisonniere & vendue comme esclave, interrogée: *que sais-tu? Etre libre,* répondit-elle; & à qui son maître ayant commandé une chose injurieuse,

rieuſe, *tu ne me méritois pas :* & elle
ſe laiſſa mourir.

Ceux qui jugent de ce qui a été
par ce qui eſt , ceux qui ſur-tout
ignorent ce que peut ſur les ames
une légiſlation conçue dans une ſeule
tête , & combinée dans toutes ſes
branches , ne pourront concevoir tant
de force dans un ſexe , qui paroît bien
plus deſtiné à être ſenſible , que cou-
rageux. Mais tel étoit le pouvoir des
inſtitutions & des temps. Chez les
Grecs , preſque tous républicains ,
les mœurs des femmes devoient être
fortes & auſtères. La retraite où elles
paſſoient leur vie , fortifioit leur
ame. La pauvreté publique retran-
choit des moyens de corruption.
L'honneur général élevoit leur ſenſibilité. Elles avoient l'orgueil de ne
pas vouloir reſter au deſſous de leurs
fils, de leurs frères, de leurs maris,
& ne pouvant les attirer à elles, elles
s'élevoient juſqu'à eux. D'ailleurs

dans ces premiers temps, époque de
la formation des Etats & de la ci-
vilifation des hommes, les dangers
pour les deux fexes étoient communs. Des républiques ou des royau-
mes compofés d'une ville, étoient
fans ceffe ou menacés, ou envahis.
Les haines nationales plus irritées
par des mélanges d'intérêt, étoient
plus ardentes, & favoient moins pardonner. Les guerres, qui parmi nous
ne font plus que des guerres de Rois,
étoient alors des guerres de peuples.
On fe combattoit pour fe détruire.
La victoire condamnoit les femmes.
La fervitude établie par la conquête,
étoit une afyle contre la mort, jamais
contre la honte. Dans l'intérieur,
l'incertitude des loix, & les chocs
de la liberté, ouvroient la porte à
des tyrans. Le droit de commander
étoit alors le droit d'abufer de tout.
Le citoyen ne favoit plus ce qu'il
avoit ni à craindre, ni à efpérer,

(19)

ni à souffrir. Delà les résistances &
les complots. De-là les trames secrettes , & les femmes admises à la
vengeance , parce que les maux s'é-
tendoient jusqu'à elles , & que souvent elles avoient à perdre plus que
la vie. Alors les deux sexes se mon-
toient au même ton ; & le courage
étoit extrême , parce que la crainte
l'étoit.

Dans les mêmes temps , & par le
même mouvement, il y avoit en Europe comme en Asie , des invasions ,
des voyages de peuples , des émigra-
tions les armes à la main; & les compagnes de ces peuples errans , partageoient à la fois le péril & l'audace.
Il devoit donc y avoir dans toutes
ces époques , une habitude de courage chez les femmes : & comme
l'honneur de leur sexe tient à une
fierté naturelle ; que c'est presque toujours la mollesse qui prépare la séduction ; que l'habitude de vaincre des

périls, donne celle·de se vaincre soi-
même ; que la vie de ces femmes
étoit toujours ou orageuse, ou retirée ; & qu'elles ne pouvoient connoître ce loisir inquiet des sociétés,
où l'imagination va sans cesse au-
devant des desirs, & où l'ame se cor-
rompt à la fois par tous les sens ;
elles devoient joindre à leur courage
une fierté délicate sur l'honneur ; &
telles sont en effet les deux qualités
que leur assigne Plutarque, en louant
les femmes Grecques ou Barbares de
ces temps reculés.

Cependant comme alors même
il y a eu différentes époques, il ne
faut pas croire que partout les mœurs
des femmes aient été les mêmes. Il
paroît en général que dans les isles
de la Grèce, les mœurs étoient plus
pures que dans le Continent. Les
Insulaires plus séparés, devoient garder plus aisément leurs loix & leurs
vertus. Le couvent guerrier de Lacé-

démone devoit être plus auſtere , que
le ſéjour riant d'Athènes. Thèbes , où
il n'y avoit qu'une ſimplicité groſ-
ſière au lieu de luxe , ne devoit pas
reſſembler à Corinthe, qui par ſa ſi-
tuation & ſon commerce , appelloit
des deux mers les richeſſes & les
vices. Enfin , à meſure que les inſtitutions ſe corrompirent, l'eſprit général des femmes dut ſe perdre ; mais,
ce qui eſt aſſez remarquable , dans
les temps même les plus beaux de la
Grèce , les courtiſanes y jouèrent
un très-grand rôle , & ſur-tout dans
Athènes. Par quelles circonſtances ,
cet ordre de femmes qui avilit à la
fois ſon ſexe & le nôtre , dans un
pays où les femmes avoient des
mœurs , parvint-il à la conſidération,
& quelquefois à la plus grande célébrité ? On en peut , ce me ſemble ,
donner pluſieurs raiſons.

D'abord les courtiſanes étoient
juſqu'à un certain point mêlées à la

religion. La Déesse de la beauté qui avoit des autels , sembloit protéger leur état, qui étoit pour elle une espèce de culte. Elles invoquoient Vénus dans les dangers ; & après les batailles, on croyoit , ou l'on faisoit semblant de croire que Miltiade & Thémistocle avoient été de grands hommes , parce que les Laïs & les Glycères avoient chanté des hymnes à leur Déesse.

Les courtisanes tenoient encore à la religion par les arts ; elles offroient des modèles pour former des Vénus qui étoient ensuite adorées dans les temples (3).

---

(1) Phriné servit de modèle à Praxitele, pour sa Vénus de Cnide : & pendant les Fêtes de Neptune auprès d'Eleusis , Apelle ayant vu cette même courtisane sur le rivage de la mer , sans autre voile que ses cheveux épars & flottans, fut tellement ébloui de sa beauté, qu'il en prit l'idée de sa Vénus sortant des eaux.

(23)

Elles tenoient , comme on voit ,
aux ſtatuaires & aux peintres , dont
elles embelliſſoient les ouvrages.

La plûpart étoient muſiciennes , &
cet art plus puiſſant dans la Grèce,
qu'il ne l'a été partout ailleurs ,
étoit pour elles un charme de plus.

On ſait combien ce peuple étoit
enthouſiaſte de la beauté. L'imagination ſenſible des Grecs adoroit la
beauté dans les temples , l'admiroit
dans les chef-d'œuvres des arts , la
contemploit dans les exercices &
dans les jeux , cherchoit à la perfec-
tionner dans les mariages , & lui pro-
poſoit des prix dans des fêtes publiques. Mais dans les femmes honnê-
tes , la beauté ſolitaire étoit le plus
ſouvent obſcure & retirée : celle des
courtiſanes s'offrant partout , atti-
roit par tout des hommages.

La ſociété ſeule peut développer
les charmes de l'eſprit ; & les autres
femmes en étoient exclues. Les cour-

tifanes vivant publiquement dans
Athènes, où fans cefse elles enten-
doient parler de philofophie, de politique & de vers , prenoient peu-à-
peu tous ces goûts. Leur efprit devoit donc être plus orné , & leur
converfation plus brillante. Alors
leurs maifons devenoient des écoles
d'agrément ; les Poëtes venoient y
puifer des connoiffances légères de
ridicule & de grace ; & les Philofophes, des idées qui fouvent leur euffent échappé à eux-mêmes. Socrate
& Périclès fe rencontroient chez
Afpafie , comme Saint-Evremont &
Condé chez Ninon. On acquéroit
chez elles de la finefse & du goût;
on leur rendoit en échange de la réputation.

La Grèce étoit gouvernée par les
hommes éloquens ; & les courtifanes
célèbres ayant du pouvoir fur les orateurs, devoient avoir de l'influence fur
les affaires. Il n'y avoit pas jufqu'à ce

Démofthène , fi terrible aux tyrans ;
qui ne fût fubjugué ; & l'on difoit de
lui : *ce qu'il a médité un an , une
femme le renverfe en un jour.* Cette
influence augmentoit leur confidéra-
tion , & avec leur efprit développoit
leur talent de plaire.

Enfin les loix & les inftitutions
publiques , en autorifant la retraite
des femmes, mettoient un grand prix
à la fainteté des mariages: Mais dans
Athènes, l'imagination, le luxe , le
goût des arts & des plaifirs , étoient
en contradiction avec les loix. Les
courtifanes venoient donc , pour
ainfi dire , au fecours des mœurs.
Le vice répandu hors des familles
ne révoltoit pas: le vice intérieur &
qui troubloit la paix des maifons ,
étoit un crime. Par une bifarrerie
étrange & peut-être unique , les hommes étoient corrompus; & les mœurs
domeftiques , auftères. Il femble que
les courtifanes n'étoient point re-

gardées comme de leur fexe ; & par
une convention à laquelle les lóix &
les mœurs fe plioient, tandis qu'on
n'eftimoit les autres femmes que par
les vertus, on n'eftimoit celles-là que
par les agrémens.

Toutes ces raifons fervent à nous
rendre compte des honneurs qu'elles
reçurent fi fouvent dans la Grèce.
Sans cela, on auroit peine à concevoir
comment fix ou fept Ecrivains ont
tous confacré leur plume à célébrer
les courtifanes d'Athènes (1) ; comment trois Peintres fameux avoient
uniquement voué leur pinceau à les
repréfenter fur la toile ; comment
plufieurs Poëtes Grecs les ont célébrées dans leurs comédies & leurs
vers. On auroit peine à croire que
les plus grands hommes briguaffent
à l'envi leur fociété ; qu'Afpafie fît
décider de la guerre & de la paix ;

____

(1) Voyez Athénée.

que Phriné eût une statue d'or pla-
cée à Delphes entre les statues de
deux Rois ; & qu'après leur mort on
leur élevât quelquefois de magnifi-
ques tombeaux. Le voyageur qui approche d'Athènes, disoit un Ecrivain
Grec (1), voyant sur les bords du
chemin ce mausolée qui attire de loin
ses regards , s'imagine que c'est le
tombeau de Miltiade ou de Périclès,
ou de quelqu'autre grand homme qui
a servi la patrie : il approche , il
s'informe , & il apprend que c'est
une courtisane d'Athènes qui est en-
sevelie avec tant de pompe. Et dans
une lettre à Alexandre, Théopompe
lui ayant parlé de ce même mausolée ; ainsi, lui dit-il , ainsi après sa
mort est honorée une courtisane ;
& de tous ceux qui sont morts en
Asie en combattant pour toi & pour
le salut de la Grèce, il n'y en a au-.

____

(1). Dicéarque.

cun qui ait un tombeau, & dont on ait même pensé à honorer la cendre. Tels étoient les hommages que cette nation enthousiaste, voluptueuse & sensible rendoit à la beauté. Se conduisant par son imagination plus que par des mœurs, & ayant des loix plutôt que des principes, elle exiloit ses grands hommes, honoroit ses courtisanes, faisoit périr Socrate, se laissoit gouverner par Aspasie, veilloit à la sainteté des mariages, & plaçoit Phriné dans les temples.

Chez les Romains, peuple austère & grave, qui pendant cinq cents ans ignora les plaisirs & les arts, & qui au milieu des charrues & des camps étoit occupé à labourer ou à vaincre, les mœurs des femmes furent long-temps austères & graves comme eux, & sans aucun mêlange de corruption ni de foiblesse. Les temps où les femmes Romaines parurent en public, forment une époque dans l'His-

toire. Renfermées dans leurs maisons, là, dans leur vertu simple &
grossière, donnant tout à la nature,
& rien à ce qu'on appelle amusement, assez barbares pour ne savoir
être qu'épouses & mères, chastes sans
se douter qu'on pût ne pas l'être,
sensibles sans jamais avoir appris à
définir ce mot, occupées de devoirs,
& ignorant qu'il y eût d'autres plaisirs, elles passoient leur vie dans la
retraite à nourrir leurs enfans, à élever pour la république une race de
Laboureurs ou de Soldats, & bien
avant dans la nuit, manioient tour
à tour pour leurs époux l'éguille &
le fuseau. On sait qu'aucun Romain
n'étoit vêtu que des habits filés par sa
femme, ou par sa fille; & Auguste,
maître du monde, donna encore l'e-
xemple de cette simplicité antique.
Pendant cette époque, les femmes
Romaines furent respectées comme

dans tous les pays où il y a dès mœurs. Leurs maris vainqueurs les revoyoient avec tranſport, au retour des batailles ; ils leur portoient la dépouille des ennemis , & s'honoroient à leurs yeux des bleſſures qu'ils avoient reçues pour l'Etat & pour elles. Souvent ils venoient de commander à des Rois, & dans leurs maiſons ils faiſoient gloire d'obéir. En vain les loix ſévères leur donnoient droit de vie & de mort: plus puiſſantes que les loix , les femmes commandoient à leurs juges. En vain la loi prévenant des beſoins qui n'exiſtent que chez des peuples corrompus, permettoit le divorce ; le divorce autoriſé par la loi, étoit proſcrit par les mœurs. Tel étoit l'empire de la beauté , avant que le mélange des ſexes les corrompît tous deux , pour les avilir l'un par l'autre.

Il paroît que tout fut employé

dans Rome pour prolonger cette heureuse époque chez les femmes (1).

On ne voit point que les Romaines eussent ce courage féroce que Plutarque a loué dans certaines femmes Grecques ou Barbares. Elles tenoient de plus près à la nature, ou l'exagéroient moins. Leur premiere qualité fut la décence. On connoît le trait de Caton le Censeur, qui raya un Romain de la liste du Sénat, pour avoir donné un baiser à sa

-----

(1) Une tutelle austère, & dont elles ne sortoient jamais, la censure des Magistrats, des tribunaux domestiques, des loix pour prévenir leur luxe par le réglement des dots, des loix somptuaires pour leurs ornemens, des temples élevés à la pudeur, des temples à une Déesse qui présidoit à la paix des mariages & à la réconciliation des époux, des décrets honorables pour les services rendus par les femmes à l'Etat; tout annonce le grand intérêt que ce peuple conquérant prit aux femmes & à leurs mœurs, tant qu'il en eut lui-même.

femme, en préfence de fa fille. A ces mœurs auftères, les femmes Romaines joignirent un amour de la patrie, qui parut dans des occafions éclatantes. A la mort de Brutus, elles portèrent toutes le deuil. Au temps de Coriolan, elles fauvèrent Rome. Ce grand homme irrité ayant bravé le Sénat & les Prêtres, & infenfible à l'orgueil même de pardonner, ne put réfifter au pouvoir des femmes qui l'imploroient. Le Sénat les remercia par un décret public, ordonna aux hommes de leur céder par tout le pas, fit élever un autel fur le lieu où la mere avoit fléchi fon fils, & la femme fon époux, & permit à toutes les femmes de mettre un ornement de plus à leur coëffure. Il faut convenir que nos modes Françoifes n'ont pas une origine tout-à-fait fi noble. Au temps de Brennus, elles fauvèrent Rome une feconde fois, en donnant tout leur or pour

la

la rançon de la ville. A cette époque , le Sénat leur accorda l'honneur
d'être louées sur la tribune , comme
les Magistrats & les Guerriers. Après
la bataille de Cannes , temps où Rome
n'avoit plus d'autres trésors que les
vertus de ses citoyens , elles sacrifiè-
rent de même leurs pierreries & leurs
richesses. Un nouveau décret récom-
pensa leur zèle.

Valere-Maxime , qui vécut sous
Tibère , & dont nous avons un Ouvrage , monument de grandes vertus
bien plus que de goût , a loué en
plusieurs endroits les Dames Romaines. Mais ce sont moins des éloges
que des traits détachés où cependant
il se permet quelquefois le tour & les
mouvemens d'un Orateur. On se doute
bien que la fameuse Portie , fille de
Caton & femme de Brutus , n'y est
point oubliée; ni cette Julie , femme
de Pompée , qui mourut de frayeur
d'avoir vu une robe de son mari

teinte de fang ; ni cette jeune Romaine qui dans la prifon nourrit fa
mere de fon lait ; ni plufieurs femmes
illuftres qui au temps des profcrip-
tions exposèrent leur vie pour fauver
leurs époux. Cet Ecrivain , en célébrant les vertus, cite auffi les talens.
Il nous apprend qu'au fecond Trium-
virat , les trois affaffins maîtres de
Rome , avides d'or après avoir répandu le fang , & ayant apparemment
épuifé toutes les formules de brigandage & toutes les manieres de piller,
s'avisèrent de taxer les femmes. Ils
leur imposèrent par tête une très-
forte contribution. Les femmes cher-
chèrent un Orateur pour les défendre, & n'en purent trouver. Perfonne
n'eft tenté d'avoir raifon contre ceux
qui profcrivent. La fille du célèbre
Hortenfius fe préfenta feule ; elle fit
revivre les talens de fon pere , & dé-
fendit avec intrépidité la caufe des
femmes & la fienne. Les tyrans rou-

(35)

girent , & révoquèrent leurs ordres.
Hortensia fut reconduite en triom-
phe ; & une femme eut la gloire d'a-
voir donné dans le même jour un
exemple de courage aux hommes ,
un modèle d'éloquence aux femmes ,
& une leçon d'humanité aux tyrans.

Remarquons que cette époque des
talens dans les femmes se trouve à
Rome dans le temps où la société
devoit être beaucoup plus perfection-
née par l'opulence , par le luxe , par
l'usage & l'abus des arts & des richesses. Alors la retraite des femmes
dut être moins austère ; leur esprit
plus actif fut plus exercé ; leur ame
eut de nouveaux besoins ; l'idée de
la réputation naquit pour elles ; leur
loisir augmenta par la distinction des
devoirs. Il y eut des devoirs vils, &
que les femmes opulentes laissoient ,
pour ainsi dire , au peuple : il y en
eut de nobles & qui étoient bientôt
remplis. Pendant six cents ans , les

vertus avoient fuffi pour plaire ; alors il fallut encore l'efprit. On voulut joindre l'éclat à l'eftime, jufqu'à ce qu'on apprit à fe paffer de l'eftime même : car dans tout pays, à mefure que l'amour des vertus diminue, le prix des talens augmente.

Cette derniere révolution fe fit fous les Empereurs, & mille caufes y contribuèrent. La grande inégalité des rangs, l'excès des fortunes, le ridicule attaché dans ces cours aux idées morales, & à Rome l'excès des ames fortes, impétueufes dans le mal comme dans le bien, tout précipita la corruption. Alors le vice n'eut pas de frein. La fureur des fpectacles mit à la mode une licence profonde & vile. Les femmes fe difputèrent à prix d'or un hiftrion. Elles attachèrent leur cœur & leurs yeux avides fur un théâtre, pour dévorer les mouvemens d'un pantomime. Un joueur de flûte engloutir

des patrimoines, & donna des héri-
tiers aux descendans des Scipions &
des Emiles. La débauche redouta la
fécondité. On apprit à tromper la nature. L'art affreux des avortemens se
perfectionna. Les passions, tous les
jours renaissantes, purent s'assouvir
tous les jours : & les femmes lasses
de tout, dégoûtées de tout, multi-
plièrent dans Rome les monstres de
l'Asie, & firent mutiler leurs escla-
ves, pour satisfaire les nouveaux caprices d'une imagination usée par
ses plaisirs même. Alors les vices furent plus puissans que les loix. On
ne s'occupa plus de conserver les
mœurs, mais de punir les crimes ;
& quelquefois leur nature & leur
nombre effrayant les tribunaux, il
fallut, pour ainsi dire, que la loi
se couvrît d'un voile, parce qu'il y
auroit eu autant de danger que de
honte à appercevoir tous les coupa-

(38)

bles (1). On se doute bien que dans ce siecle on loua bien plus souvent dans les femmes le rang que la vertu, & les talens ou les graces que les mœurs.

Au temps de la naissance de l'Empire, il y eut plusieurs éloges de femmes prononcés sur la tribune Romaine ; l'éloge de Junie, sœur de Brutus & femme de Cassius ; l'éloge de l'Impératrice Livie, mere de Tibere ; celui d'Octavie par Auguste, & celui de Poppée par Néron. On peut dire que le premier fut l'éloge de la vertu encore austere & républicaine. Le second dut marquer le passage des mœurs des femmes dans une république, à leurs mœurs dans

____

(1) Quand Septime-Sévère monta sur le trône, il trouva trois mille accusations d'adultère inscrites sur les rôles. Il fut obligé de renoncer à ses projets de réforme.

une Cour & fous un Prince. Livie
tenoit à la première époque par un
refte de fimplicité, & pour me fervir des expreffions de Tacite, par
la fainteté de fa maifon: elle tenoit
à la feconde par une ambition fourde,
par le défir du crédit, par un arti-
fice raifonné, par l'art d'employer
adroitement la féduction de fon fexe,
enfin par l'intrigue & le manége ap-
pliqués tour-à-tour à des chofes
grandes ou petites. Le troifième,
celui d'Octavie, fut l'éloge de la
beauté rendue intéreffante par le
malheur, & mêlée à de grands évé-
nemens, dont elle fut plutôt la vic-
time que la caufe (1). Mais l'éloge
de Poppée prononcé par un Empereur, & applaudi par les Romains,
marqua, pour ainfi dire, le der-

____

(1) Octavie, fœur d'Augufte, femme d'Antoine, & rivale fi vertueufe & fi tendre de
Cléopatre.

nier terme de la corruption (1).
Il y a apparence que toutes les
femmes qui tenoient à la maison
impériale , ou qui y entroient ,
étoient louées de même après leur
mort. Plusieurs d'entr'elles sur le
trône , joignirent le scandale aux
plaisirs ; mais l'apothéose réparoit
tout. La religion étoit moins sévere
que les mœurs; on faisoit plus aisément une Déesse, qu'une femme honnête.

Il y eut pourtant alors quelques
vertus chez les femmes; mais ces vertus se remarquoient. La plûpart durent leur naissance au stoïcisme qui
sous les premiers Empereurs se ré-
pandit à Rome. On sait que le stoïcisme est pour les mœurs , ce que
l'austérité républicaine est pour le
gouvernement. Il fit renaître dans
quelques maisons les mœurs anti-

____

(1) Tacite, ann. 16. 6.

ques , mais avec cette différence ;
qu'autrefois dans Rome la vertu con-
tractée presque en naissant , étoit
comme une habitude de l'enfance ,
& l'ouvrage heureux de l'exemple
comme des loix ; mais dans l'Empire, il falloit pour avoir des mœurs,
une morale forte & des vertus raisonnées. C'étoit encore peu d'avoir
des principes ; la raison froide n'eut
pas résisté long-temps : il falloit un
certain enthousiasme qui donnât de
l'énergie à l'ame & la soutînt ; qui
se proposât une grandeur au-dessus
de l'homme, pour parvenir jusqu'où
l'homme peut aller ; qui méprisât
tous les plaisirs, pour mieux dédai-
gner les vices ; qui bravât les douleurs , pour mieux s'aguérir contre
la foiblesse; qui enfin, dans des lieux
où le crime étoit tout puissant par
l'autorité & par l'exemple , rendît
l'homme indépendant de tout, hors
du devoir , & l'élevant au dessus de

ce vil . univers qui l'entouroit , le fit lui-même fon cenfeur , fon maître , fon admirateur & fon juge. Dans cette époque, le ftoïcifme étoit donc néceffaire à Rome comme un puif-fant contre-poids à une force terri-ble ; & en effet il offrit chez les Romains le plus grand des contraftes, l'excès du courage à côté de l'excès de la baffeffe, & la plus rigide auf-térité à côté de la plus deshonorante licence. Il eft à remarquer que ja-mais le ftoïcifme ne produifit de fi grands effets dans la Grèce que dans Rome ; c'eft que peut-être , comme il a quelque chofe d'exagéré , il lui faut des circonftances extraordi-naires. Pour créer de grandes ver-tus , il faut de grands befoins & de grands maux. Le ftoïcifme reffem-bloit à ces forces qui s'augmentent à proportion des réfiftances.

Plufieurs Romains célèbres nour-ris dans cette fecte déployèrent les

vertus qu'elle inspiroit : & les femmes, plus susceptibles d'habitude que
de principes , & presque toujours
gouvernées par les mœurs qui les
frappent de plus près, imitèrent les
vertus de leurs maris ou de leurs
pères. Portie avoit donné l'exemple.
Fille de Caton & femme de Brutus,
elle s'étoit, pour ainsi dire, montée à
la hauteur de leurs ames. Dans la
conspiration contre César , elle se
montra digne d'être associée au secret de l'Etat. Après la bataille de
Philippes , elle ne put survivre ni à
la liberté , ni à Brutus, & mourut
avec l'intrépidité féroce de Caton.
Son exemple fut suivi par cette Aria,
qui voyant son époux chancelant, &
qui hésitoit à mourir, pour l'encourager se perça le sein, & lui remit le
poignard; par sa fille, épouse de Thraséas, & la fille de Thraséas, épouse
d'Helvidius Priscus ; dignes toutes
deux d'avoir pour maris deux grands

hommes ; par Pauline, femme de Se-
néque, qui se fit ouvrir les veines avec
lui, & forcée à vivre, pendant le peu
d'années qu'elle survécut, porta sur
son visage, dit Tacite, l'honorable
pâleur qui attestoit qu'une partie de
son sang avoit coulé avec le sang de
son époux ; & dans un autre genre,
cette Agrippine, femme de Germa-
nicus, altière & sensible, qui jeune
encore s'ensevelit dans la retraite,
& sans laisser jamais ni fléchir sa
hauteur sous Tibére, ni corrompre
ses mœurs par son siècle, aussi im-
placable envers son tyran que fidelle
à son époux, passa sa vie à pleurer
l'un, & à détester l'autre ; & cette
Eponine si célèbre que Vespasien
auroit dû admirer, & qu'il fit si lâ-
chement mourir. Presque toutes ces
femmes exposées à la haine des tyrans, n'obtinrent point l'honneur des
éloges publics ; mais ce qui vaut
mieux, elles furent louées par Ta-

cite. Deux lignes de Tacite font
fort au-deſſus de tous les panégyriques d'uſage.

Je ne parlerai point de toutes les
femmes célèbres de l'Empire ; mais
Oppien , Hérodien , Philoſtrate &
Dion en citent une d'un caractère
comme d'un genre de mérite tout
différent. Qu'il me ſoit permis de
m'y arrêter. C'étoit l'Impératrice Julie, femme de Septime-Sévère. Née
en Syrie , & fille d'un prêtre du So-
leil , on lui prédit qu'elle monteroit
au rang de ſouveraine. Son caractère
justifia la prédiction. Sur le trône ,
elle aima , ou parut aimer paſſionné-
ment les lettres. Soit goût , ſoit déſir de s'inſtruire , ſoit déſir de célébrité , ſoit peut-être tout cela enſemble , elle paſſoit ſa vie avec les phi-
loſophes. Son rang d'Impératrice
n'eût peut-être pas ſuffi pour ſubju-
guer ces ames fières ; mais elle y
joignit de plus le mérite de l'eſprit

& de la beauté. Ces trois genres de
séduction lui rendirent moins néceffaire celle qui ne confifte que dans
l'art, & qui obfervant les goûts &
les foiblesses, gouverne les grandes
ames par de petits moyens. On dit
qu'elle étoit philofophe. Sa philofophie cependant n'alla point jufqu'à lui donner des mœurs. Son mari
qui ne l'aimoit point , eftimoit fon
génie , & la confultoit en tout. Elle
gouverna de même fous fon fils. Enfin, Impératrice & homme d'Etat ,
occupée tout à la fois des fciences
& des affaires , & y mêlant affez publiquement les plaifirs , ayant des
gens de cour pour amans , des gens
de lettres pour amis , & des philofophes pour courtifans , au milieu
d'une fociété où elle régnoit & où
elle s'inftruifoit, elle parvint à jouer
un très-grand rôle ; mais comme à
tant de mérite , elle ne joignit pas
ceux de fon fexe , on l'admira , on

(47)

la blâma : elle obtint de son vivant plus d'éloges que de respects , & chez la postérité plus de renommée que d'estime.

Après elle, on trouve Julie Mammée , qui étoit de la même famille , & qui fut aussi Impératrice , ou du moins mère d'un Empereur. Son mérite fut d'avoir autant de génie que de courage , & sur-tout d'avoir élevé pour le trône son fils, le jeune Alexandre Sévère , à peu-près comme Fénélon éleva depuis le Duc de Bourgogne. Elle le rendit à la fois vertueux & sensible.

Enfin , en suivant le cours de l'Histoire , se présente cette fameuse Zénobie , digne d'avoir eu Longin pour maître , princesse qui sut écrire comme elle sut vaincre , qui fut ensuite malheureuse avec dignité , qui se consola de la perte d'un trône , par les douceurs de la retraite , & des plaisirs de la grandeur , par ceux de l'esprit.

(48)

Toutes ces femmes reçurent de
grands éloges des Ecrivains de leur
siècle , & ont servi depuis à grossir
les catalogues de tous les panégy-
ristes des femmes célebres. (1).

----

(1) Il ne nous reste aujourd'hui de ces
temps-là que deux éloges d'Impératrice. L'un
est le panégyrique d'Eusébie , épouse de Cons-
tance. Ce fut elle qui fut la protectrice de Julien. Elle le fit élever au rang de César; & par
ce charme secret que l'esprit & la beauté ont
sur les tyrans même , elle le sauva plusieurs
fois des fureurs politiques d'un prince toujours
prêt d'être assassin , dès qu'il craignoit. Julien
qui lui devoit la vie & l'empire , composa son
panégyrique. Il faut convenir que la reconnoissance ne le rendit pas éloquent.

L'autre est de Lucien. Il est en dialogue & en
forme de portrait. On ne sait précisément à qui
il est adressé ; mais les commentateurs qui sont
presque toujours dans la confidence de ces sortes de secrets , ne manquent pas d'assurer que
c'est l'éloge d'une Impératrice. Quoi qu'il en
soit, on peut dire que cet éloge est l'original
des quarante à cinquante mille portraits d'hé-

Nous

(49)
Nous venons de voir qu'au temps
où le gouvernement de Rome changea, il étoit furvenu un changement
dans les mœurs ; mais environ vers le
troifième fiécle, il fe fit une révolution nouvelle, & qui porta un grand
caractère.

---

roïnes ou de princeffes qui depuis quatre cents
ans ont été faits en France, en Italie ou en
Efpagne par tous les Orateurs, Hiftoriens ,
Poëtes ou Romanciers, & où il eft d'ufage &
de régle que la même femme ait toutes les per-
fections poffibles. J'ajouterai que c'eft la première trace qu'on trouve chez les anciens, de
cet efprit de galanterie fi à la mode parmi nous,
& qui confifte à dire aux femmes avec un efprit
léger & une ame de glace, tout ce qu'on ne
croit pas, & tout ce qu'on voudroit leur faire
croire. Ce ton qui eft né de l'impuiffance d'être
fenfible, & du défir de le paroître, & qui joint
l'exagération à la fauffeté, a dû naître chez
Lucien, de la corruption des mœurs de l'Empire, de la légéreté naturelle aux Grecs de fon
temps, & de fon propre caractère. L'efprit peut
décrire, mais il n'y a que l'ame qui fache louer.

D

Jufqu'alors les mœurs des femmes
n'avoient été fondées que fur la morale , & ne tenoient point du tout
aux idées religieufes. En quelques
pays on avoit lié les mœurs à la politique; mais felon les différens plans
de légiflation, les loix traçoient différentes lignes où commençoit &
où finiffoit la vertu des femmes. Les
danfes des jeunes Lacédémoniennes
font connues; & , felon l'expreffion
de Montefquieu, Lycurgue avoit ôté
la pudeur à la chafteté même. A
Rome, on avoit vu des femmes dan-
fer publiquement fur un théâtre, fans
que la décence publique mît aucune
efpèce de voile entr'elles & les regards d'un peuple: & fi Caton vint
au fpectacle pour en fortir, les Magiftrats & les Pontifes y affiftèrent.
Les arts qui par-tout imitóient la nature fans la voiler , aidoient encore
à féduire l'imagination par les yeux.
La philofophie n'avoit point de prin-

(51)

cipe fixe fur les femmes. Tantôt elle
combattoit en elles , & vouloit leur
ôter ce fentiment fi doux qui fait la
défenfe , comme le charme de leur
fexe (1). Tantôt elle vouloit que
l'union la plus tendre, qui fuppofe
toujours un contrat des cœurs qui
fe donnent, ne fût que le lien d'un
inftant, détruit par l'inftant qui devoit fuivre (2). La religion même
n'étoit qu'une efpèce de police fa-
crée, qui avoit plutôt des cérémonies que des préceptes. On honoroit
les Dieux, comme on honore parmi
nous les hommes puiffans ; c'eft-à-
dire, qu'on leur offroit de l'encens,
& qu'on attendoit en échange des
fecours. Ils étoient protecteurs &

____

(1) Ecole des Cyniques, qui regardoient la
pudeur comme une convention, & fe faifoient
un devoir de s'en affranchir.

(2) Syftème de la communauté des femmes
dans un Etat.

D ij

bon légiſlateurs. Le Chriſtiàniſme naiſſant ſur la terre , fut une légiſlation. Il impoſa les loix les plus ſévères aux femmes & aux mœurs. Il reſſerra les nœuds des mariages; d'un lien politique, il fit un lien ſacré , & mit les contrats des époux entre le tribunal & l'autel, ſous la garde de la divinité. Il ne ſe borna point à défendre les actions ; il étendit ſon empire juſques ſur la penſée. Partout il poſa des barrières au‑devant des ſens. Il proſcrivit juſqu'aux objets inanimés qui pouvoient être complices d'une ſéduction , ou d'un déſir. Enfin , troublant le crime juſques dans la ſolitude , il lui ordonna d'être ſon propre délateur , & condamna tous les coupables à rougir par l'aveu forcé de leurs foibleſſes. La légiſlation des Romains & des Grecs rapportoit tout à l'intérêt politique des ſociétés. La légiſlation nouvelle & ſacrée , n'inſpirant que

du mépris pour cet univers, rapporta
tout à l'idée d'un monde différent
de celui-ci. De-là sortit l'idée d'une
perfection inconnue. On vit réduire
en précepte chez tout un peuple,
le détachement des sens, le régne
de l'ame, & je ne sais quoi de surnaturel & de sublime qui se mêla à
tout. De-là le vœu de continence,
& le célibat consacré. Alors la vie
fut un combat La sainteté des mœurs
étendit un voile sur la société & la
nature. La beauté craignit de plaire ;
la force se redouta elle-même ; tout
apprit à se vaincre ; & l'auftérité de
l'ame augmenta tous les jours par les
sacrifices des sens.

Il est aifé de voir la prodigieuse
révolution que cette époque dut produire dans les mœurs. Les femmes,
presque toutes d'une imagination vive
& d'une ame ardente, se livrèrent à
des vertus qui les flattoient d'autant
plus, qu'elles étoient pénibles. Il est

presqu'égal pour le bonheur de satisfaire de grandes passions, ou de les
vaincre. L'ame est heureuse par ses
efforts ; & pourvu qu'elle s'exerce,
peu lui importe d'exercer son activité contre elle-même.

Une autre loi ordonnoit aux Chrétiens de s'aimer & de se soulager
comme frères. On vit donc le sexe
le plus vertueux comme le plus tendre, tournant vers la pitié, cette
sensibilité que lui a donnée la nature,
& dont la religion lui faisoit craindre ou l'usage, ou l'abus, consacrer
ses mains à servir l'indigence. On vit
la délicatesse surmonter le dégoût ;
& les larmes de la beauté, couler
dans les asyles de la misère, pour
consoler les malheureux. En même
temps, les persécutions faisoient naître les périls. Pour conserver sa foi,
il falloit souvent supporter les fers,
l'exil & la mort. Le courage devint
donc nécessaire. Il y a un courage

froid, qui, né de la raifon, eft intrépide & calme : c'eft celui de la philofophie & des affaires. Il y a un courage d'imagination, qui eft ardent &
qui fe précipite. Tel eft le plus fouvent le courage religieux. Celui des
femmes Chrétiennes fut fondé fur de
plus grands motifs. On les vit s'élevant au deffus d'elles-mêmes, courir
aux flammes & aux buchers, & offrir
aux tourmens leurs corps foibles &
délicats.

Cette révolution dans les idées en
dut produire une dans les écrits. Tous
ceux dont les femmes furent l'objet,
devinrent auftères & purs comme elles.
Prefque tous les Docteurs de ces temps,
mis à la fois par l'Eglife au rang des
Orateurs & des Saints , louèrent à
l'envi les femmes chrétiennes : mais
celui de tous qui en parle avec plus
d'éloquence , comme avec plus de
zèle , eft ce Saint Jérôme , qui né
avec une ame de feu , paffa quatre-

vingts ans à écrire, à se combattre
& à se vaincre; dont les mœurs furent probablement plus austères que
les penchants; qui dans Rome eut
pour disciples un grand nombre de
femmes illustres; qui entouré de la
beauté, échappa aux foiblesses sans
pouvoir échapper à la calomnie; &
qui fuyant enfin le monde, les femmes & lui-même, se retira dans la
Palestine, où tout ce qu'il avoit
quitté, le pourfuivoit encore, tour-
menté sous la haire, & dans le calme
des déserts entendant retentir à ses
oreilles le tumulte de Rome. Tel fut
dans le quatrième siécle le plus éloquent panégyriste des femmes chrétiennes. Cet Ecrivain ardent & sacré,
& d'un génie impétueux & sombre,
adoucit en mille endroits son style
pour louer les Marcelle, les Pauline, les Euftochium, & un grand
nombre d'autres femmes Romaines,
qui au Capitole avoient embraffé

(57)

l'auſtérité Chrétienne, & apprenoient
dans Rome la langue des Hébreux
pour entendre & connoître les livres
de Moyſe.

A la chûte de l'Empire, & quand
cette foule de barbares qui l'inon-
dèrent, ſe diviſèrent ou s'unirent pour
partager ſes débris, le Chriſtianiſme,
pour adoucir des mœurs ſauvages,
paſſa des vaincus aux vainqueurs, &
fut preſque par‑tout porté par des
femmes. On a remarqué que les femmes de tout temps ont eu plus que
les hommes ce zèle ardent de religion qui cherche à convertir ; ſoit
que par leur foibleſſe même elles
tiennent davantage à des opinions
ſacrées, qui pour l'ame ſont un appui de plus ; ſoit que leur imagination plus vive s'enflamme plus fortement ſur des objets qui ſont hors de
la nature, & quelquefois hors des
bornes ordinaires de la raiſon ; ſoit
que la perſuaſion religieuſe chez les

hommes soit plus liée à la réflexion ;
& chez les femmes au sentiment : &
l'un , comme on sait , a bien plus
d'activité que l'autre ; soit qu'elles
regardent la religion qui égale tout ,
comme une défense pour elles , &
un contre-poids à la foiblesse contre
la force; soit peut-être enfin que leur
désir naturel de subjuguer s'étende à
tout , & que pour se rendre compte
de leur pouvoir, elles soient jalouses
d'exercer leur ascendant sur ce qu'il
y a même de plus libre , sur les opinions & sur les ames. Quoi qu'il en
soit, ce furent des femmes qui faisant
servir à leur religion les charmes de
leur sexe , placées sur des trônes &
attirant au Christianisme leurs époux,
rendirent une grande partie de l'Europe Chrétienne. C'est ainsi que la
France , l'Angleterre, une partie de
l'Allemagne , la Bavière , la Hongrie,
la Bohème , la Lithuanie , la Pologne,
la Russie , & pendant quelque temps

la Perfe reçurent l'Evangile. Ainſi la
Lombardie & l'Eſpagne renoncèrent
aux opinions d'Arius. On voit que
dans ces ſiécles le zèle religieux des
femmes , influa ſur une partie du
monde. Je ne rapporterai point ici
les noms de ces Princeſſes , inſcrits
dans des annales barbares , & répétés
depuis par un grand nombre de pa-
négyriſtes. Il me ſuffit de remarquer
quel fut le genre de mérite qui les
diſtingua , & ſur quoi roulent les éloges qu'elles ont reçus dans leur ſiécle
& chez la poſtérité.

Arrêtons-nous un moment ſur cette
époque de l'invaſion des barbares, &
voyons les changemens qui en réſultè-
rent pour les mœurs. Jamais peut-être
il n'y eut de révolution plus ſingulière.
Ce furent des ſauvages qui portèrent
avec les embraſemens & les ruines, l'eſprit de galanterie qui regne encore aujourd'hui en Europe : & le ſyſtême
qui nous a fait un principe d'honneur

de regarder les femmes comme fou-
veraines, fyftême qui a eu tant d'influence, nous eft venu des bords de
la mer Baltique & des forêts du
nord (1).

On voit en général par l'Hiftoire
que tous les peuples Septentrionaux
avoient le plus grand refpect pour
les femmes. Partagés entre la chaffe
& la guerre, ils ne daignoient adoucir
leur férocité que pour l'amour. Leurs
forêts furent le berceau de la chevalerie. Les femmes y étoient le prix
de la valeur. Un guerrier pour fe
rendre digne de fa maitreffe, alloit
chercher au loin la gloire & les combats. Les rivalités produifoient des
défis. Les combats finguliers ordonnés
par l'amour enfanglantoient fouvent

---

(1) C'eft ce fyftème qui. a formé en partie
nos manières, nos mœurs, nos fociétés, &
qui parmi nous a le plus influé fur les écrits
& fur les langues.

les forêts & les bords des lacs ; &
le droit de l'épée décidoit des mariages , comme des procès.

Qu'on ne s'étonne pas de ces mœurs.
Chez les hommes peu civilisés , mais
déja rassemblés en grands corps de
peuples , les femmes ont naturellement & doivent avoir le plus grand
empire. Elles y régnent par la force
même de ceux à qui elles comman-
dent. Déja la société est assez établie
pour qu'il y ait en amour des idées
de préférence : elle ne l'est point assez
pour que les sens soient affoiblis, &
l'imagination usée par l'habitude. Des
ames fortes & sauvages ignorant tous
ces plaisirs de convention créés par
une société polie , sentent plus vivement les plaisirs qui naissent de la
nature , & des vrais rapports de l'homme. Il se mêloit même à ces sentimens
quelque chose de religieux. Plusieurs
de ces peuples errans dans leurs forêts
s'imaginoient que les femmes lisoient

(62)

dans l'avenir, & qu'elles avoient je
ne sçais quoi de sacré & de divin.
Peut-être cette idée n'étoit-elle que
l'effet de l'habileté ordinaire aux femmes, & de l'avantage que leur finesse
naturelle devoit leur donner sur des
guerriers féroces & simples ; peut-
être aussi des barbares étonnés de
l'empire que la beauté a sur la force,
étoient-ils tentés d'attribuer à quelque chose de surnaturel, un charme
qu'ils ne pouvoient comprendre (¹).

____

(1) Cette idée que la divinité se commu-
nique plus aisément aux femmes, a été tres-
répandue sur la terre. Les Germains, les Bre-
tons, & tous les peuples Scandinaves, l'ont
eue. Chez les Grecs c'étoient des femmes qui
rendoient les Oracles. On connoît le respect
des Romains pour les Sybilles. On connoît les
Pythonisses des Hébreux. Les prédictions des
femmes Egyptiennes avoient beaucoup de crédit à Rome sous les Empereurs. Enfin chez la
plûpart des sauvages tout ce qui a, ou paroît
avoir quelque chose de surnaturel, les cérémonies religieuses, la médecine & la magie, sont
entre les mains des femmes.

(63)

Ces peuples en inondant l'Europe ;
portèrent leurs opinions avec leurs
armes. Bientôt il dut se faire une révolution dans la manière de vivre.
Les climats du nord exigent bien
moins de réserve entre les sexes.
Pendant des invasions qui durerent
trois ou quatre cents ans, on s'accou-
tuma à voir les femmes mêlées aux
guerriers ; & cette modestie douce &
timide qui faisoit presqu'une loi à la
beauté, de se dérober à tous les yeux,
cessa d'être regardée comme un devoir.

Chez les anciens la retraite des
femmes fit long-temps partie de la
constitution, parce que le gouvernement & les loix y étoient appuyés
sur les mœurs. Dans l'Europe moderne, les barbares n'ayant fondé par-
tout que des monarchies militaires,
durent peu s'occuper des mœurs ;
tout étoit fondé sur la force. Le mélange des conquérans avec un peu-

ple corrompu & qui avoit tous les
vices de fa profpérité ancienne & de
fon malheur préfent, ne dut pas con-
tribuer encore à leur donner des idées
auftères. On vit donc les peuples du
nord, dans des climats plus doux, unir
les vices des Romains, à la fierté guer-
rière des barbares. Le Chriftianifme
leur donna des loix ; mais en modifiant
leur caractère, il ne le changea point. Il
fe mêla aux coutumes, & laiffa fubfifter
l'efprit général. Ainfi fe jettèrent peu-
à-peu les fondements des mœurs nouvelles, qui dans l'Europe moderne rap-
prochèrent les deux fexes , donnèrent
aux femmes une efpèce d'empire &
affocièrent par-tout l'amour au courage.

Une chofe à obferver , c'eft qu'à-peu-
près dans le même temps, il s'éleva
une religion & un peuple qui établit
& confacra pour toujours dans l'O-
rient l'efclavage domeftique des femmes. Ainfi la même époque qui commença

mença leur empire en Europe , les
deſtina à être pour jamais eſclaves
en Aſie. Leur ſervitude s'étendit par
les armes des conquérans Arabes, comme la galanterie du nord s'étoit étendue par les conquêtes des barbares.

Déja on voit naître & ſe préparer
d'avance en Europe le régne de la
Chevalerie. Cette inſtitution politique
& militaire fut amenée par le cours
des événements, & par la pente naturelle des eſprits & des ames. Sa vé-
ritable époque commence au dixième
ſiécle. L'Europe ébranlée par la chûte
de l'Empire n'avoit point encore pris
de conſiſtance. Depuis cinq cents ans,
rien n'étoit fixe; rien pour ainſi dire,
n'étoit fondu enſemble. Du mêlange
du chriſtianiſme avec les anciens uſa-
ges des barbares , naiſſoit un choc
preſque continuel dans les mœurs ;
du mêlange des droits du Sacerdoce
& de ceux de l'Empire, un choc dans
la politique & dans les loix; du mê-

lange des droits des Souverains & de
ceux de la noblesse, un choc dans le
gouvernement ; du mélange des Arabes & des Chrétiens en Europe,
un choc dans les religions. De tant
de contrastes sortoient la confu-
sion & l'anarchie. Le christianisme
qui n'étoit plus dans son temps de
ferveur , semblable à un ressort à
moitié détendu , assez fort contre les
passions froides, déja ne l'étoit plus
assez pour réprimer les passions vio-
lentes. Il faisoit naître le remord ,
mais ne prévenoit pas le crime. On
faisoit des pélerinages , & on pilloit ;
on massacroit , & ensuite on faisoit
pénitence. Le brigandage & la débauche se mêloient à la superstition.
C'est dans ces temps que des nobles
oisifs & guerriers , ayant un sentiment
d'équité naturelle & d'inquiétude ,
de religion & d'héroïsme, s'associèrent
pour faire ensemble ce que la force
publique ne faisoit pas , ou faisoit mal.

Leur objet fut de combattre les Maures en Espagne ; les Sarrazins en
Orient , les tirans des donjons &
des châteaux en Allemagne & en
France, d'assurer le repos des voya-
geurs, comme faisoient autrefois les
Hercule & les Thesée , & sur-tout
de défendre l'honneur & les droits
du sexe le plus foible, contre le sexe
impérieux , qui souvent opprime &
outrage l'autre.

Bientôt l'esprit d'une galanterie
noble se mêla à cette institution.
Chaque Chevalier en se vouant aux
périls , se soumit aux loix d'une Souveraine. C'étoit pour elle qu'il atta-
quoit , qu'il défendoit, qu'il forçoit
des châteaux ou des villes ; c'étoit
pour l'honorer qu'il versoit son sang.
L'Europe entière devint une lice immense , où des guerriers ornés des
rubans & des chiffres de leurs mai-
tresses , combattoient en champ-clos
pour mériter de plaire à la beauté.

Alors la fidélité se mêloit au courage ;
l'amour étoit inséparable de l'honneur. Les femmes fières de leur empire , & le tenant des mains de la
vertu, s'honoroient des grandes actions de leurs amans, & partageoient
les passions nobles qu'elles inspiroient.
Un choix honteux les eût flétries. Le
sentiment ne se présentoit qu'avec la
gloire ; & par-tout les mœurs respi-
roient je ne sçais quoi de fier, d'hé-
roïque & de tendre. Jamais peut-être
la beauté n'exerça un empire si puissant & si doux. De-là ces passions si
longues que notre légereté , nos
mœurs, nos petites foiblesses, notre
fureur de courir sans cesse après des
espérances & des desirs, notre ennui
qui nous tourmente & qui se fatigue
à chercher de l'agitation sans plaisir
& du mouvement sans but, ont peine
à concevoir, & tournent tous les jours
en ridicule sur nos théâtres, dans nos
conversations & dans nos livres :

mais il n'en est pas moins vrai que ces passions nourries par les années, & irritées par les obstacles, où le respect éloignoit l'espérance, où l'amour vivant de sacrifices s'immoloit sans cesse à l'honneur, renforçoient dans les deux sexes les caractères & les ames; donnoient plus d'énergie à l'un, plus d'élévation à l'autre; changeoient les hommes en héros, & inspiroient aux femmes une fierté qui ne nuit point à la vertu.

Tel fut l'esprit de Chevalerie. On sçait qu'il donna naissance à une multitude innombrable d'ouvrages en l'honneur & à l'éloge des femmes. Les vers des Troubadours, le Sonnet Italien, la Romance plaintive, les Poëmes de Chevalerie, les Romans Espagnols & François furent autant de monuments de ce genre, élevés dans des temps d'une barbarie noble, & d'un héroïsme mêlé de bisarrerie & de grandeur. Dans les cours, dans les lices, au combat, aux tournois, tout se rapportoit aux femmes ; & il en étoit de même dans les écrits. On n'écrivoit, on ne pensoit que pour elles. Souvent le même homme étoit Poëte & guerrier ; tour-à-tour il chantoit sur sa lire, & combattoit avec sa lance pour la beauté qu'il adoroit (1).

____

(1) Tous ces Ouvrages alors célébres, ne font plus que l'objet d'une vaine curiosité ; ils ressemblent aux ruines des Palais gothiques. Presque tous d'ailleurs avoient le même fond , & contenoient les mêmes éloges. Toutes les femmes étoient des prodiges de beauté , comme de vertu. Cependant la différence dans les na-tions en mettoit dans les tableaux. Ainsi les Ouvrages François avoient plus de naïveté , les Italiens plus de recherche , les Espagnols plus d'imagination ; & cela devoit être. Le caractère naïf des premiers tenoit à la fran-chise militaire d'un peuple plus accoutumé à combattre qu'à penser ; la finesse des Italiens , à des esprits plus exercés, par le commerce des étrangers, par le mélange des mœurs, par la

(71)

Les temps & les mœurs de la Chevalerie en mettant à la mode les
grandes entreprifes, les aventures &
je ne fçais quel excès d'héroïfme, inf-
pirèrent le même goût aux femmes.
Toujours les deux fexes fe fuivent de
loin en s'imitant, & ils s'élévent, fe
renforcent, fe corrompent ou s'amo-
liffent enfemble. On vit donc alors
les femmes dans les armées & fous
les tentes. Elles quittoient les incli-
nations douces & tendres de leur fexe,
pour le courage & les occupations
du nôtre. On en vit dans les croifades,

---

foule des petits intérêts politiques ; enfin la
pompe & l'imagination Efpagnole tenoit à une
fierté antique, à des têtes exaltées par la cha-
leur du climat, fur-tout au long mélange avec
les Maures & les Arabes, qui durent influer
prodigieufement fur les mœurs, fur la langue,
& par la manière de peindre les objets, fur la
manière de les voir: car fi le génie des peuples
forme le langage, le caractère du langage
influe à fon tour fur le génie.

animées du double enthousiasme de
la religion & de la valeur, gagner des
indulgences sur les champs de batailles, & mourir les armes à la main,
à côté de leurs amans, ou de leurs
époux. En Europe des femmes atta-
quèrent & défendirent des places ;
des Princesses commandèrent leurs
armées, & remportèrent des victoires.
Telle fut la célèbre Jeanne de Mont-
fort, disputant son Duché de Bretagne,
& combattant elle-même. Telle fut
encore cette Marguerite d'Anjou (1)
active & intrépide, général & soldat,
dont le génie soutint long-temps un
mari foible, qui le fit vaincre, le
replaça sur le trône, brisa deux fois
ses fers, & opprimée par la fortune
& des rébelles, ne céda qu'après avoir
livré en personne douze batailles.

Cet esprit militaire parmi les fem-

---

(1) Reine d'Angleterre, & femme de
Henri VI.

mes, conforme à des temps de barbarie, où tout eſt impétueux , parce
que rien n'eſt réglé , & où tous les
excès ſont des excès de force , dura
en Europe plus de quatre cents ans ,
ſe montrant de diſtance en diſtance,
& toujours dans de grandes ſecouſſes,
ou dans des moments d'orages. Mais
il y eut un temps & des pays où cet
eſprit ſe ſignala ſur-tout ; ce fut aux
quinzième & ſeizième ſiécles, époque
des invaſions des Turcs en Hongrie
& dans les Iſles de l'Archipel & de
la Méditerranée. Tout ſe réuniſſoit
pour inſpirer aux femmes de ces
pays un grand courage ; d'abord l'eſprit général des ſiécles précédents ; la
terreur même qu'inſpiroient les Turcs;
l'effroi beaucoup plus vif pour tout
ce qui eſt inconnu ; la différence des
habillements, qui agit plus qu'on ne
croit, ſur l'imagination du peuple ; la
différence des religions, d'où naiſſoit
une eſpèce d'horreur miſe au nombre

des devoirs ; enfin la prodigieufe différence des mœurs, & fur-tout l'efclavage des femmes, qui en Orient regardé comme une fimple inftitution
politique & civile, ne préfentoit aux
femmes de l'Europe qui en étoient
menacées, que des idées odieufes de
fervitude & de maître, l'honneur gé-
miffant, la beauté foumife à des
barbares, & la double tyrannie de
l'amour & de l'orgueil. De tous ces
fentiments devoit naître dans les femmes un courage intrépide pour fe
défendre, & quelquefois même un
courage de défefpoir. Ce courage
étoit augmenté par l'idée de la religion fi puiffante, & qui offre toujours
des efpérances éternelles pour des
facrifices d'un moment.

Il ne faut donc pas s'étonner fi de
très-belles femmes de l'Ifle de Chipre,
étant menées prifonnières à Sélim,
pour être enfermées au férail, l'une
d'elles préférant la mort, conçut le

projet de mettre le feu aux poudres ;
& après l'avoir communiqué aux autres, l'exécuta ; fi l'année fuivante, une
ville de Chipre étant affiégée par les
Turcs, les femmes coururent en foule
fe mêler aux foldats, & combattant
fur la brêche, contribuèrent à fauver
leur patrie ; fi fous Mahomet II, une
fille de l'Ifle de Lemnos, armée du
bouclier & de l'épée de fon père qui
étoit mort en combattant, arrêta les
Turcs, qui déja forçoient une porte,
& les chaffa jufques fur le rivage ; fi
en Hongrie les femmes fe fignalèrent
dans un grand nombre de fiéges &
de batailles contre les Turcs (1) ; fi
enfin dans les deux fiéges célèbres, &
de Rhodès & de Malthe, les femmes
fecondant par-tout le zèle des Che-
valiers, montrèrent par-tout la plus

---

(1) On cite une femme de Tranfilvanie, qui
dans différents combats avoit tué de fa main
dix Janiffaires.

grande force , non-feulement cette
force d'impétuofité & d'un moment
qui affronte la mort ; mais le courage
lent & pénible , qui fupporte les travaux & les fatigues de tous les inftans.

Cette époque & ces exemples de
courage multipliés chez les femmes
méritent attention : mais à ne con-
fidérer que les révolutions de l'hiftoire , c'eft un fpectacle fingulier
de voir dans prefque toutes les Ifles
de l'Archipel , les defcendantes de
ces Grecs fi fameux , par une révolution de quinze fiécles devenues
Chrétiennes & fujettes de la République de Venife , combattre dans
leur Ifle & fur les bords de la mer,
pour repouffer des conquérans Tartares qui apportoient dans le pays
d'Homère & de Platon , la religion
d'un Prophète Arabe. Les femmes
Hongroifes aux prifes avec ces mêmes
Tartares ne préfentent pas un fpectacle moins fingulier. On ne peut

douter que ce ne fut le double fentiment , de la religion & de l'hoŋ-
neur qui leur éleva ainfi le courage:
car ce font les deux refforts , quî
dans tous les temps ont produit les
aĉtions les plus extraordinaires chez
les femmes.

Tandis qu'elles combattoient ainfi
dans la Grèce , dans la Hongrie
& dans les Ifles de la Méditerranée , il fe faifoit une autre révolution en Italie ; les Lettres & les
Arts renaiffoient. Cette époque ap-
porta un nouveau·changement dans
les idées & les travaux des femmes
célèbres. Une impulfion générale doŋ-
née aux efprits tournoit tout le monde
du côté des langues. Il y a un temps
où on prend les fignes des idées pour
les idées mêmes. On croit s'inftruire
en apprenant des mots, comme certains politiques ont cru s'enrichir en
exploitant des mines. Les langues

d'ailleurs étoient des espèces d'énig-
mes qui voiloient des connoiffances.
Avant de penfer, on veut fçavoir
l'hiftoire des penfées des autres. Peut-
être même cette marche eft - elle
néceffaire. Dans l'enfance de l'âge les
fens ramaffent des matériaux pour
la penfée : dans l'enfance des lettres
l'efprit recueille d'abord pour com-
biner enfuite. Par-tout c'eft la mémoire qui donne de l'activité à l'imagination.

Comme les mots mènent aux idées,
la philofophie ancienne dut renaître
avec les langues. Ceux qui avoient
l'efprit plus auftère & l'ame moins
fenfible, ceux qui croyoient que la
raifon froide reffemble plus à la raifon,
ceux qui attachoient plus de prix à
une certaine logique qui enchaîne,
à la fubtilité qui divife, à je ne fçais
qu'elle obfcurité vague qui exerce l'efprit, & laiffe le mérite de choifir foi-

même & de se fixer ses idées , préfé-
rèrent la philosophie d'Aristote: mais
les gens à imagination & à enthousiasme , ceux qui pardonnoient des
erreurs pour l'éloquence , ceux qui
préféroient une métaphysique spiri-
tuelle & sublime à une dialectique
sèche , & des illusions touchantes à
des erreurs raisonnées , ceux enfin
qui avoient des ames sur lesquelles
des idées même chimériques de perfection , d'ordre & de beauté, faisoient
à la fois une impression douce &
profonde , ne manquèrent pas de
préférer la philosophie de Platon.
L'Aristotélisme occupa donc les Uni-
versités & les Cloîtres; le Platonisme,
les Poëtes , les amans , les Philosophes
sensibles , & les femmes.

La théologie ou l'art d'appliquer
des raisonnements humains à des
choses célestes , étoit un autre genre
de connoissances qui occupoit & qui
exerçoit alors. Elle étoit à la mode,

& elle devoit l'être. C'étoit un arfe-
nal pour les guerres de religion, un
appui pour la Cour de Rome , une
route sûre pour parvenir aux honneurs. On mettoit donc un grand
prix à cette fcience ; & les defcen-
dants des anciens Romains fe rendoient célèbres par des études facrées,
dans des pays où leurs ancêtres s'é-
toient rendus célèbres par des victoires.

Après des temps de confpirations,
de tyrannies & de petites guerres,
on doit mettre un grand prix aux
loix. La Jurifprudence étoit donc cul-
tivée. On n'en fçavoit pas encore
affez pour être Légiflateur; mais on
étudioit, on commentoit, on expli-
quoit, on défiguroit les loix Romaines.

La Chevalerie commençoit à s'é-
teindre dans l'Europe, mais elle avoit
laiffé une teinte de galanterie Roma-
nefque dans les mœurs , qui de-là
paffoit aux ouvrages d'imagination.
On

On faisoit donc beaucoup de vers qui exprimoient des paſſions vraies ou feintes , mais toujours reſpec- tueuſes & tendres. Et comme en France où des nobles oiſifs paſſoient leur vie à combattre , on peignoit preſque toujours l'amour ſous l'idée de conquête ; en Italie où domi- noient des idées d'un autre genre , on faiſoit ſans ceſſe de l'amour une adoration, ou un culte.

Ce mêlange de galanterie & de religion, de platoniſme & de poëſie , de l'étude des langues & de celle des loix , de la philoſophie ancienne & de la théologie moderne, fut en Italie le caractère général de tous les hom- mes illuſtres de ce temps. On remar- que le même caractère dans les fem- mes qui ſe diſtinguèrent alors. Jamais il n'y en eut tant de célèbres pour les connoiſſances. Peut-être qu'au ſortir des temps de la Chevalerie , où pluſieurs femmes avoient diſpu-

(82)

té aux hommes le mérite de la valeur, elles voulurent, pour affurer en
tout l'égalité de leur fexe, prouver
qu'elles avoïent autant d'efprit que de
courage, & affujettir encore par les
talens ceux qu'elles dominoïent par
la beauté. (1).

____

(1) Dès le treizième fiécle, on avoit vu la
fille d'un gentilhomme Boulonnois fe livrer à
l'étude de la langue latine & des loix. A vingt-
trois ans elle avoit prononcé dans la grande
Eglife de Bologne une oraifon funèbre en latin;
& l'Orateur pour être admiré, n'eut befoin ni
de fa jeuneffe, ni des charmes de fon fexe. A
vingt-fix ans elle prit les dégrés de Docteur, &
fe mit à lire publiquement chez elle les infti-
tuts de Juftinien. A trente fa grande réputation
lui fit donner une chaire où elle enfeigna le
droit avec un prodigieux concours de toutes
les nations. Elle joignoit les agrémens d'une
femme à toutes les connoiffances d'un homme,
& avoit-le mérite en parlant, de faire oublier
jufqu'à fa beauté.

Au quatorzième fiécle, le même exemple fe
renouvella dans la même ville.

(83)

Ce qui doit le plus frapper dans
cette époque, c'eſt l'eſprit général.

Au quinzième, même prodige pour la troi-
ſième fois.

Enfin il n'eſt pas inutile de remarquer qu'aujourd'hui, dans cette même ville de Bologne, il
y a encore une chaire de phyſique remplie avec
diſtinction par une femme.

A Veniſe on diſtingue dans le cours du ſeizième ſiécle deux femmes célébres ; l'une
(Modeſta di Pozzo di Zorzi) qui compoſa avec
ſuccès un grand nombre d'ouvrages en vers, ſérieux, plaiſans, héroïques ou tendres, & quelques paſtorales qui furent jouées ; l'autre (Caſſan-
dre Fidèle) qui fut au nombre des femmes les plus
ſçavantes d'Italie, qui écrivoit également bien
dans les trois langues d'Homère, de Virgile,
ou du Dante, & en vers comme en proſe, qui
poſſédoit toute la philoſophie de ſon ſiécle &
des ſiécles précédens, qui embélliſſoit de ſes
graces la théologie même, qui ſoutint des
thèſes avec éclat, donna pluſieurs fois à Padoue
des leçons publiques, joignit à ces connoiſſances ſérieuſes les talens agréables & ſur-tout
celui de la muſique, & releva encore ſes talens
par ſes mœurs. Auſſi reçut-elle l'hommage des

On voit des femmes prêcher & se
mêler de controverse; des femmes

Souverains Pontifes & des Rois ; & pour être
singulière en tout, elle vécut plus d'un siécle.

A Milan on trouve une Demoiselle de l'illustre
maison de Trivulce, qui jeune encore, prononç-
ça dans l'ancienne langue des Romains, un grand
nombre de discours éloquents, devant des Papes
& des Princes.

A Vérone, une Isotta Nogarolla dans le quin-
ziéme siécle, qui se fit de même la plus grande
réputation par son éloquence, que tous les
Souverains étoient curieux d'entendre, & les
hommes célébres de voir.

A Florence une Religieuse de la maison de
Strozzi, qui charmoit l'ennui & l'oisiveté du
cloître par le goût des Lettres; & de sa solitude
fut connue en Italie, en Allemagne & en France.

A Naples une Sarrochia qui composa un
poëme fameux sur Scanderberg, & fut de son
vivant comparée au Boyardo & au Tasse.

A Rome cette Victoire Colonne, Marquise de
Pescaire, qui aima passionnément les Lettres
& y réussit, pleura très-jeune encore un époux
qui étoit un grand homme de guerre, & passa
le reste de sa vie entre l'étude & la douleur,

foutenir publiquement des thèfes ;
des femmes remplir des chaires de

---

célébrant par les Poëfies les plus tendres, le
héros qu'elle avoit aimé.

Suivez dans le même fiécle les femmes illuftres
de toutes les nations; vous trouverez par-tout
le même caractère & les mêmes genres d'études.

Vous verrez en Efpagne une Ifabelle de
Roféres, prêcher dans la grande Eglife de bar-
celone, vènir à Rome fous Paul III, y convertir des Juifs par fon éloquence, & commenter
avec éclat Jean Scot, devant des Cardinaux &
des Evêques.

Une Ifabelle de Cordoue qui fçavoit le latin,
le grec & l'hébreu, & qui avec de la beauté,
un nom & des richeffes, eut encore la fantai-
fie d'être Docteur, & prit des dégrés en théologie.

Une Catherine Ribéra dans le même fiécle ;
qui compofa des poëfies Efpagnoles, moitié
dévotes & moitié tendres.

Une Aloyfia Sigéa de Toléde, plus célébre
que les trois autres, qui, outre le latin & le
grec, avoit apprit l'hébreu, l'arabe & le fyria-
que, écrivit une lettre en ces cinq langues au
Pape Paul III, fut enfuite appellée à la Cour

philoſophie & de droit; des femmes
haranguer en latin devant des Papes;

de Portugal, y compoſa pluſieurs ouvrages, &
mourut jeune.

En France vous verrez un très-grand nombre
de femmes, qui dans le même ſiécle eurent le
même genre de mérite, & ſur-tout une Du-
cheſſe de Retz, qui ſous Charles IX, fut célébre même en Italie, & qui étonna les Polonois
lorſqu'ils vinrent demander le Duc d'Anjou
pour leur Roi, ſurpris de trouver à la Cour une
jeune femme ſi inſtruite, & qui parloit les langues anciennes avec autant de pureté que de
grace.

Vous trouverez en Angleterre les trois ſœurs
Seymour, niéces d'une Reine & filles d'un Pro-
tecteur, toutes trois célébres par leur ſcience &
par de très beaux vers latins, qui ſelon l'eſprit
du temps furent traduits dans toute l'Europe.

Jeanne Gray, qui ne fut Reine que pour
monter ſur l'échaffaut, & qui avant de mourir
liſoit en grec le fameux Dialogue de Platon ſur
l'immortalité

Marie Stuart, la plus belle femme de ſon
ſiécle, & une des plus inſtruites, qui écrivoit
& parloit ſix langues, faiſoit très-bien des vers
dans la nôtre, & très-jeune prononça à la Cour

des femmes écrire en grec & étudier l'hébreu; des Religieuses, Poëtes; des

---

de France un discours latin, où elle prouva que l'étude des Lettres siéd bien aux femmes.

Enfin la fille aînée du fameux Chancelier d'Angleterre Thomas Morus, dont les connoissances furent presque éclipsées par les vertus, & qui après avoir rendu à son père dans sa prison les soins les plus tendres, l'avoir consolé dans les fers, avoir acheté très-cher le droit de lui rendre quelques honneurs funèbres, avoir racheté à prix d'or sa tête des mains du bourreau, accusée elle-même & traînée dans les fers pour deux crimes, dont l'un étoit de garder comme une relique la tête de son père, & l'autre de conserver ses livres & ses ouvrages, parut avec intrépidité devant ses juges, se justifia avec cette éloquence que donne la vertu malheureuse, imprima l'admiration comme le respect, & passa le reste de sa vie dans la retraite, la douleur & l'étude.

Tel est le tableau du plus petit nombre de femmes, qui dans cette époque se signalèrent chez presque toutes les nations. Il y en eut un nombre bien plus grand, sur-tout en Italie, mais nous n'avons indiqué que les plus célébres,

femmes du grand monde, Théologiennes ; & ce qui arriva plus d'une fois ,
de jeunes filles qui avoient étudié
l'éloquence , & qui avec le vifage le
plus doux , & la voix du monde la
plus touchante, s'en alloient pathé-
tiquement exhorter le St. Père & les
Rois à déclarer la guerre aux Turcs.
L'efprit religieux qui anima les femmes de tout temps , fe montre encore
ici , mais il a changé de forme. Il a
fait tour-à-tour les femmes martyrs,
apôtres, guerrières , & à fini par les
rendre Théologiennes & fçavantes.
On voit encore le prix incroyable
qu'on mettoit à l'étude des langues.
Chez les particuliers, dans les cloîtres,
dans les cours, & jufques fur les trônes , par-tout le même efprit régnoit.
C'étoit peu pour une femme de lire
Virgile ou Cicéron. La bouche d'une
Jeune Italienne , d'une Efpagnole
ou d'une Angloife paroiffoit s'embellir, quand elle répétoit des fons hé-

breux, ou prononçoit un vers d'Homère. La poéfie fi chère à l'imagination & aux ames fenfibles, étoit em-
braffée avec tranfport par les femmes.
C'étoit une efpèce de jeu piquant &
nouveau qui pouvoit flatter l'amour-
propre & amufer l'efprit. Peut-être
même le vuide qu'elles éprouvoient
malgré elles & fans s'en douter, dans
une philofophie barbare, dans une
théologie abftraite, & dans une vaine
étude de dialectes & de fons, leur faifoit trouver plus de charmes dans un
art, qui occupe fans ceffe l'imagination par des tableaux, & l'ame par
des fentiments.

Enfin plufieurs d'entr'elles, voulurent réunir prefque tous les genres
de connoiffances ; & quelques-unes y
réuffirent. Ce qu'on a appellé depuis la
fociété, étoit alors beaucoup moins
connu. Le défœuvrement & le luxe
n'avoient pas fans doute inventé l'art
de refter fix heures devant une glace,
pour créer des modes. On faifoit quel-

que chofe du temps. De-là cette multitude de connoiffances acquifes par
les femmes. Obfervons que l'ambition
de tout embraffer, convenoit fur-tout
à la renaiffance des Lettres. Dans la
nouveauté tout le monde s'exagère fes
forces. Ce n'eft qu'en les mefurant
qu'on apprend à les connoître. Les
defirs même alors étoient plus aifés
à fatisfaire. Il s'agiffoit plus de fçavoir que de penfer; & l'efprit beaucoup plus actif qu'étendu, ne pouvant
encore avoir le fecret des fciences &
de leur profondeur, devoit naturellement les regarder comme un dépôt
contenu dans les livres, dont la mémoire pouvoit s'emparer.

Si dans cette époque les femmes
vouloient dérober toutes les connoiffances des hommes, les hommes de
tous côtés s'empreffoient par des
panégyriques à rendre des hommages
aux femmes. C'étoit la fuite de l'efprit général qui portoit la galanterie
dans les Lettres , comme il l'avoit

porté dans les armes. L'Italie fur-tout
fut inondée de ces fortes d'ouvrages.
Le premier qui donna l'exemple fut
Bocace. On fçait qu'il aima paffionné-
ment les femmes & en fut aimé. Il
compofa en leur honneur un ouvrage
latin , *des femmes illuftres*. Il y parcourt la fable , l'hiftoire Grecque ,
l'hiftoire Romaine, l'hiftoire Sacrée ,
met enfemble Cléopatre & Lucrèce,
Flora & Portie, Sémiramis & Sapho,
Athalie & Didon. Bocace entreprend
fur-tout de réhabiliter l'honneur de
Didon contre Virgile. Le Panégyrifte
prouve contre le Poëte, que jamais la
veuve de Sichée ne lui fut infidèle.
Il eft plaifant de voir enfuite Bocace
faire une fortie éloquente & vigou-
reufe contre les veuves Chrétiennes
qui fe remarient ; l'Auteur du Déca-
méron citer St. Paul, & le commenter à une jeune veuve qui s'excufe fur
fon âge de ce qu'elle n'imite pas Didon. Ce morceau qui eft plaifant, eft

(92)

d'une éloquence férieufe : & , ce qu'on
ne croiroit pas , la morale de Bocace
eft auftère.

Après lui plus de vingt Ecrivains
publièrent fucceffivement des éloges
de femmes célébres de toutes les nations (1). Parmi nous Brantome pu-

---

(1) Jofeph Bétuffi, traduifit en Italien l'ouvrage latin de Bocace fur les femmes, & dans
l'ardeur de fon zèle l'enrichit de cinquante ar-
ticles nouveaux.

François Serdonati ne trouva point encore
l'ouvrage complet ; il ramaffa dans toutes les
hiftoires profanes ou faintes, barbares ou non
barbares, tous les noms de femmes connues
qui reftoient encore, & groffit le recueil de
cent vingt éloges.

Ce n'eft pas tout. Un Philippe de Bergame,
Anguftin, mort en 1518, avoit publié dans le
quinzième fiécle un volume latin de femmes
illuftres.

Dans le feizième fiécle, autre ouvrage fur les
femmes célébres, de Jules Céfar Capacio, Se-
crétaire de la ville de Naples.

Un autre de Charles Pinto, en latin & en
vers.

blia un volume des vies des Dames
Illuftres ; mais je remarque que Brantome en Chevalier François & en
homme de Cour, ne parle que de

Un autre de Ludovico Doménichi.

Un autre de Jacques-Philippe Thomaffini,
Evêque dans l'Etat de Venife.

Un autre de Bernardin Scardéoni, Chanoine
de Padoue, & fur les femmes illuftres de Padoue.

Un autre de François-Auguftin della Chiéfa,
Evêque de Saluces, fur les femmes célèbres
dans la littérature.

Un autre de Louis-Jacob de St. Charles, Religieux Carme, fur les femmes illuftres par des
Ouvrages.

Un autre dans les Pays Bas d'un Alexandre
Van-Denbufche, fur les femmes fçavantes.

Un autre d'un Simon-Martin, Minime en
France, fur les femmes illuftres de l'Ancien
Teftament.

Un autre du fameux Père le Moine, fous
le titre de Galerie des femmes Fortes.

Je fais grace de beaucoup d'autres que je
pourrois nommer.

Reines & de Princeffes. C'eft-là qu'on
trouve l'éloge de Catherine de Médicis & de la fameufe Jeanne de Naples.
Dans fon ftyle diffus, fimple & naïf,
Brantome juftifie ces deux Reines. Il
nous apprend que la feconde fut fans
foibleffes, & la première fans crimes.
Il abfout l'une de fes amans & du
meurtre de fon époux : il abfout l'autre
des guerres civiles & de la St. Bar-
thélemi.

Après Brantome un Hilarion de
Cofte, Minime, publia deux volumes in-quarto de huit cents pages
chacun, contenant les éloges de toutes
les femmes du quinzième ou feizième
fiécle, diftinguées par la valeur, les
talens ou les vertus. Mais en bon Religieux il ne s'eft permis de louer que
des femmes catholiques. Ainfi par
exemple il s'eft bien donné de garde
de dire un mot de la Reine Elifabeth ;
mais auffi il fait un long & magnifique
éloge de la Reine Marie d'Angleterre,

(95)

qui commença par faire affaffiner fur l'échaffaut Jeanne Gray, âgée de dix-fept ans , appellée à la couronne par le teftament du dernier Roi ; & qui enfuite dans l'efpace de cinq années qu'elle régna, fit expirer dans les flammes pour caufe de religion, fix à fept cents perfonnes de tout rang & de tout âge. Les éloges de ce Moine Panégyrifte montent à plus de 170: mais tout céde à l'Italien Pierre-Paul de Ribéra, qui publia dans fa langue, un ouvrage intitulé, *les Triomphes immortels & entreprifes héroïques de huit cent quarante-cinq femmes.* Il feroit difficile fans doute d'avoir une collection plus complette.

Outre ces gros recueils d'éloges en l'honneur des femmes célébres, il y eut un grand nombre d'Ecrivains, fur-tout en Italie, qui adreffèrent des panégyriques particuliers à des femmes. Jamais peut-être on ne vit à la fois tant de Princeffes éclairées que dans cette partie de l'Europe. Les Cours de Naples, de Milan, de Mantoue, de Parme, de Florence, &c. formoient autant d'écoles de goût, entre lesquelles régnoit une émulation de talens & de gloire. Les hommes s'y distinguoient par les armes, ou par l'intrigue ; les femmes par les connoissances & par les graces. Il y avoit peu de ces petites Cours, où il n'y eut quelqu'homme de Lettres de la plus grande réputation. Dans un pays qui ne forme qu'un grand Etat, il y a peu de talens, parce qu'il n'y a qu'une Capitale, qu'une Cour, & qu'un centre de lumières. Les provinces éloignées n'ont ni la même activité, ni le même goût. Dans un pays comme l'Italie, partagé en une foule d'Etats, & où presque chaque ville formoit une capitale, l'esprit naissoit & se développoit .par-tout. C'est sûrement une des causes de la grande supériorité des Italiens. Ce

qui

qui faisoit leur malheur en politique, faisoit leur gloire pour les talens. Tous ces hommes ou de génie ou d'esprit s'attachoient aux femmes cé- lébres, l'ornement de ces Cours. Il y en eut parmi eux qui estimant la condition par les ames, & croyant que le génie égale tout, osèrent avoir de très-vives passions pour de grandes Princesses (1); mais d'autres qui avoient de l'imagi- nation au lieu d'amour, substituoient aux passions la galanterie de l'esprit, & y mêlant les idées Platoniciennes qui régnoient alors, composoient pour ces Princesses, en style métaphysique, des hymnes respectueux sous le nom d'éloges (2).

____

(1) Bocace à la Cour de Naples, & le Tasse à la Cour de Ferrare.

(2) De tant d'éloges ou recueils de panégy- riques pour des femmes, en vers, en prose, en discours, en sonnets, le plus singulier, sans contredit, est celui qui fut publié à Venise en 1555, sous le titre *de Temple à la divine*

G

Le même esprit qui dans cette épo‑
que créa tant de panégyriques de fem‑
mes, fit naître une foule de livres sur
le mérite des femmes en général. On

Signora Jeanne d'Arragon , conſtruit en ſon
honneur par tous les plus beaux eſprits & dans
toutes les langues principales du monde. Cette
femme, une des plus célébres du ſeizième ſiécle,
& mariée à un Prince de la maiſon Colonne, fut
la mère de Marc‑Antoine Colonne, qui ſe ſigna‑
la à la bataille de Lépante contre les Turcs.
L'hommage dont nous venons de parler, ou la
conſtruction poétique de ce Temple lui fut dé‑
cernée par un decret paſſé l'an 1551 , à Veniſe
dans l'Académie *de Dubbioſi.* Quelques‑uns d'en‑
tr'eux avoient déja eu l'idée de ce culte; mais
on trouva l'idée trop heureuſe pour n'être point
adoptée par le Corps; il y eut ſeulement une
diſpute. Il s'agiſſoit de ſçavoir ſi Jeanne d'Arra‑
gon auroit ſeule les honneurs du Temple, ou
ſi on aſſocieroit à ſa divinité la Marquiſe de
Guaſt ſa ſœur, & qui n'étoit pas moins célébre.
Mais on jugea apparemment que deux Divi‑
nités, deux Souveraines, & deux femmes n'ai‑
moient guères à ſe trouver enſemble. Ainſi
après de graves délibérations , l'Académie dé‑
cida que la Marquiſe de Guaſt auroit ſes autels

éleva l'importante queſtion de l'égalité ou de la prééminence des ſexes.
Et pendant cent cinquante ans on
vit une eſpèce de conſpiration d'E-
crivains pour aſſurer la ſupériorité aux
femmes. Le chef & un des premiers
auteurs de cette conjuration fut un
homme célébre ; c'eſt ce Corneille
Agrippa, qui né à Cologne en 1486,
étudia toutes les ſciences , embraſſa
tous les états , parcourut tous les
pays, porta les armes avec diſtinction, ſe fit enſuite Théologien, Docteur en droit, Docteur en médecine,
commenta les épitres de St. Paul en

à part, & Jeanne d'Arragon ſa ſœur reſta unique & excluſive propriétaire des ſiens. On pro-
céda enſuite à bâtir le Temple ; & les langues
Latine, Grecque, Italienne, Françoiſe, Eſpa-
gnole, Sclavonne, Polonoiſe, Hongroiſe, Hé-
braïque, Caldaïque, &c. furent employées à la
conſtruction de ce monument, un des plus ſin-
guliers ſans doute, que la galanterie ait jamais
élevé en l'honneur de la beauté.

Angleterre, donna des leçons fur la pierre - philofophale à Turin , fur la Théologie à Pavie , pratiqua la méde-cine en Suiffe, fut attaché fucceffive-ment à trois ou quatre Princes & Princeffes, & n'en fut que plus mal-heureux ; effuya des injuftices, s'en plaignit avec courage, fut mis deux fois dans les fers , & toujours errant parce qu'il fe laiffa toujours entraîner à une imagination ardente & foible, parce qu'incapable d'être libre & d'être efclave , il ne fçut avoir ni le courage de la pauvreté, ni celui de la dépendance , après avoir excité tour-à-tour ou à la fois la pitié, l'ad-miration & la haine , mourut en France , à quarante-neuf ans , avec une grande réputation & de grands malheurs.

Ce fut en 1509, qu'il publia fon traité *de l'excellence des femmes au deffus des hommes*. Malheureufement il avoit alors intérêt de plaire à la fameufe Marguerite d'Autriche, qui gouvernoit les Pays-Bas. On eft fâché que cette petite circonftance fe foit mêlée à une fi belle caufe. Son livre eft divifé en trente chapitres ; & dans chaque chapitre il démontre la fupériorité des femmes par des preuves théologiques, phyfiques, hiftoriques, cabaliftiques & morales. Il met à contribution l'écriture & la fable, les Hiftoriens, les Poëtes, les loix civiles, les loix canoniques, cite un peu plus qu'il ne raifonne, & finit par protefter que ce n'eft par aucun intérêt humain qu'il a écrit, mais par devoir, parce que tout homme qui connoît la vérité en doit compte, & qu'alors le filence feroit un crime.

Les Italiens en lifant cet ouvrage durent le regarder comme un vol que leur avoit fait un Allemand. Mais s'ils n'eurent pas le mérite de l'invention, on peut dire qu'ils s'en dédommagèrent. Le Cardinal Pompée

Colonne, le Portio, le Lando, le Doménichi , le Maggio , le Bernardo
Spina & beaucoup d'autres , écrivirent
tous sur la perfection des femmes.
Mais l'ouvrage le plus singulier dans
ce genre est celui du Ruscelli ; il parut
à Venise en 1552. Ruscelli vint après
tous les autres , & mécontent de la
manière dont on avoit, dit-il, soutenu
avant lui une cause si évidente , il
imagina de nouvelles preuves, bien
sûr qu'après lui il ne seroit plus pos-
sible de douter. Après avoir copié
Agrippa en le critiquant, il se jette
dans des spéculations sublimes , &
s'attache à prouver que la contemplation de la beauté peut seule rendre
l'homme heureux sur la terre, & l'élever à la contemplation de Dieu même.

Tel est le résultat de son ouvrage ;
mais ce qu'on ne peut rendre, c'est
l'impression que fait dans la lecture
un mélange continuel de théologie
& de platonisme , le nom de Dieu

mêlé par-tout à celui des femmes ;
Moyfe à côté de Pétrarque & du
Dante ; & dans la même page, & prefque dans les mêmes lignes, des citations de Bocace & de St. Auguftin,
d'Homère & de St. Jean. Rien à mon
gré ne peint mieux l'efprit du feizième
fiécle, en Italie fur-tout, & avec quelle
bonne foi on étoit, ou on vouloit
être tout enfemble amant , dévot ,
chrétien , payen , théologien & philofophe. Peut-être même ce mêlange
bifarre devoit-il fe trouver dans un
pays où l'on rencontre fouvent les
ruines d'un ancien temple de Jupiter
à côté d'une Eglife, une ftatue de St.
Pierre fur une colonne de Trajan ,
& des Madones près d'un Apollon.

Il paroît que même après le Ruf-
celli il y eut encore des incrédules à
perfuader, & que toutes les conver-
fions n'étoient pas faites ; car on
trouve encore plufieurs ouvrages ,

G iv

Italiens, Espagnols, & François sur le même sujet (1).

---

(1) En 1593, il en parut un d'une célébre Vénitienne que j'ai déja citée (Modesta di Pozzo di Zorzi). Elle y soutenoit la supériorité de son sexe sur le nôtre. Son ouvrage eut le plus grand succès; & malheureusement pour elle, ce qui y ajouta peut-être, c'est qu'on pouvoit la louer sans crainte. Elle venoit de mourir quand l'ouvrage parut. Les hommes d'ailleurs voyent toujours avec plaisir ces sortes d'ouvrages des femmes. L'orgueil qui calcule tout, regarde comme une preuve même de ses avantages, l'effort qu'on fait pour les combattre.

Au dix-septième siécle une autre femme & une autre Vénitienne (Lucrèce Marinella) soutint la même cause. Son ouvrage est intitulé, *la noblesse & l'excellence des femmes avec les défauts & les imperfections des hommes*. Les hommes du moins n'eurent point avec elle le défaut d'être injustes; & elle eut tout le succès que la beauté donne à l'esprit.

En 1628, autre ouvrage Italien encore *sur la dignité des femmes*. Pour cette fois l'Auteur étoit un homme; c'étoit Christophe Bronzini,

Il faut avouer de bonne foi, que de
tant d'ouvrages il y en a bien peu qui

---

son ouvrage est en dialogues & divisé par jours.
On peut concevoir par l'étendue de son plan
combien la matière lui parut riche : sa division
est de vingt-quatre journées. La huitième qui
roule sur le mariage a seule plus de deux cents
pages. Bronzini en loüant les femmes ne leur
assigne point de rang, & laisse indécis le procès
des deux sexes.

Mais en 1650 , parut un livre où le procès
étoit jugé très-nettement ; le titre de l'ouvrage
étoit, *la femme meilleure que l'homme, paradoxe par Jacques del Pozzo*. On ne sçait pourtant si les femmes durent être beaucoup flattées
de ce mot de paradoxe.

En Espagne un nommé Joan de Spinosa fit
dans le seizième siécle un dialogue à l'éloge
des femmes. On peut croire qu'il les loua avec
toute l'imagination de son pays, & toute la
majesté de sa langue.

En France nous avons un très-ancien ouvrage sur le mérite des femmes, qu'on tradui-
sit en latin pour lui donner plus de cours. Les
Italiens eux-mêmes l'adoptèrent, & il fut tra-
duit en leur langue par Vincent Calméta.

méritent d'être lus , & qu'il n'y en a
pas un où la question soit traitée: on

Les Françoises ne furent guères moins zélées
que les Italiennes à soutenir l'honneur de leur
sexe.

Marguerite , Reine de Navarre & première
femme de Henri IV , tour-à-tour dévote &
galante, & plus célébre, comme on sçait, par
son esprit que par ses mœurs, dans un ouvrage
en forme de lettre , entreprit de prouver *que la
femme est fort supérieure à l'homme.*

Mademoiselle de Gournay qui mérita d'être
adoptée par Montagne , écrivit aussi pour son
sexe ; mais plus modeste ou moins hardie, elle
borna ses prétentions', & se contenta de l'égalité.

Cette modestie n'empêcha point qu'une Demoiselle de Schurman née à Cologne , & qui
de son temps eut une prodigieuse réputation ,
parce qu'elle réussissoit dans tous les arts, qu'elle
étoit Peintre , Musicienne , Graveur , Sculpteur ,
Philosophe , Géomètre , Théologienne même ,
& qu'elle avoit encore le mérite d'entendre &
de parler neuf langues différentes , ne dit après
avoir lu ce livre en l'honneur de son sexe ; *dans
cet ouvrage , je ne voudrois ni n'oserois tout
approuver.*

à mis par-tout l'autorité à la place du raisonnement, même quand on a parlé des femmes; mais en pareille matière, comme en beaucoup d'autres, vingt citations ne valent pas une raison.

En 1643, il se publia à Paris un autre ouvrage sous ce titre. *La femme généreuse qui montre que son sexe est plus noble, meilleur politique, plus vaillant, plus sçavant, plus vertueux & plus économe que celui des hommes.*

En 1665, Une Demoiselle publia encore à Paris un livre intitulé, *les Dames illustres, où par bonnes & fortes raisons il se prouve que les femmes surpassent les hommes.*

En 1673, autre ouvrage intitulé *de l'égalité des deux sexes, discours philosophique & moral où l'on voit l'importance de se défaire des préjugés.*

En 1675, l'Auteur se réfuta sous un autre nom, en publiant un traité *de l'excellence des hommes contre l'égalité des sexes;* mais on voit qu'il se réfute doucement & qu'il craint d'avoir raison contre lui-même.

En 1691, on vit paroître une troisième édition de cet ouvrage qui eut une sorte de célébrité.

(108)

Il semble que pour terminer cette
grande queſtion d'amour-propre &
de rivalité entre les ſexes, il faudroit
examiner la force ou la foibleſſe des
organes ; le genre d'éducation dont
les deux ſexes ſont ſuſceptibles ; le
but de la nature en les formant ; juſqu'à quel point il ſeroit poſſible de
la corriger ou de la changer ; ce qu'on
gagneroit & ce qu'on perdroit en
s'éloignant d'elle ; enfin l'effet inévi-
table & forcé que la différence des
devoirs, des occupations & des mœurs
doit produire ſur l'eſprit, l'ame, &
le caractère des deux ſexes.

Dans le même ſiécle une Demoiſelle Romieu,
d'une famille de Languedoc, voulut ſe reſaiſir
de la ſupériorité, & tâcha de l'établir par de
bonnes preuves.

Enfin cette opinion ou ce procès produiſit
une eſpèce de guerre entre des Ecrivains, d'ailleurs aſſez obſcurs, & fit naître des ouvrages,
des réponſes & des repliques, aujourd'hui également inconnues.

(109)

S'agit-il de talents & d'efprit , il
faudroit diftinguer l'efprit philofophique qui médite , l'efprit de mémoire qui raffemble, l'efprit d'imagination, qui crée , l'efprit politique
ou moral qui gouverne.

Il faudroit voir enfuite jufqu'à quel
dégré ces quatre genres d'efprit peuvent convenir aux femmes ; fi la foibleffe naturelle de leurs organes, d'où
réfulte leur beauté ; fi l'inquiétude de
leur caractère, qui tient à leur imagination ; fi la multitude & la variété
des fenfations, qui fait une partie de
leurs graces, leur permet cette attention forte & foutenue qui peut com-
biner de fuite une longue chaîne
d'idées ; attention qui anéantit tous
les objets pour n'en voir qu'un & le
voir tout entier , qui d'une feule idée
en fait fortir une foule , toutes en-
chaînées à la première, ou d'un grand
nombre d'idées éparfes extrait une
idée primitive & vafte qui les raffemble toutes.

Ce genre d'esprit est rare même
parmi les hommes, je le sçais ; mais
enfin il y a plusieurs grands hommes
qui l'ont eu. Ce sont eux qui se sont
élevés à la hauteur de la nature pour
la connoître. Ils ont montré à l'ame la
source de ses idées , assigné à la raison
ses bornes, au mouvement ses loix , à
l'Univers sa marche. Ils ont créé des
sciences en créant des principes , &
agrandi l'esprit humain en cultivant
le leur. Si aucune femme ne s'est mise
à côté de ces hommes célébres , est-
ce la faute ou de l'éducation , ou de
la nature ?

Descartes outragé par l'envie, mais
admiré par deux Princesses, vantoit
l'esprit philosophique des femmes. Je
n'ose croire que sa reconnoissance voulut par une erreur de plus, s'acquitter
envers la beauté. Sans doute il trouvoit
dans Elisabeth & dans Christine cette
docilité qui s'honore d'écouter un
grand homme, & paroît s'associer à

fon génie en fuivant la marche de fes
idées. Peut - être même trouvoit - il
dans les femmes la clarté, l'ordre &
la méthode ; mais trouvoit-il de même
la bafe de l'efprit philofophique, le
doute ? trouvoit-il cette raifon froide
qui marche fans fe précipiter jamais,
& mefure tous fes pas ? Leur efprit
pénétrant & rapide, s'élance & fe
repofe. Il a plus de faillies que d'efforts. Ce qu'il n'a point vu en un
inftant, ou il ne le voit pas, ou il le
dédaigne, ou il défefpère de le voir.
Il feroit donc moins étonnant qu'elles
n'euffent point cette opiniâtre len-
teur, qui feule recherche & découvre
les grandes vérités.

L'imagination fembleroit bien plus
devoir être leur partage. On a ob-
fervé que celle des femmes, a je ne
fçais quoi de fingulier & d'extraordinaire. Tout les frappe ; tout fe peint
en elles avec vivacité. Leurs fens mo-
biles parcourent tous les objets & en

emportent l'image. Des forces inconnues, des liens fecrets tranfmettent rapidement à elles toutes les impreffions. Le monde réel ne leur fuffit pas ; elles aiment à fe créer un monde imaginaire ; elles l'habitent & l'embelliffent. Les fpectres, les enchantemens, les prodiges, tout ce qui fort des loix ordinaires de la nature, font leur ouvrage & leurs délices. Elles jouiffent de leurs terreurs même. Leur ame s'exalte, & leur efprit eft toujours plus près de l'enthoufiafme. Mais il faudroit voir jufqu'où cette imagination appliquée aux arts, peut développer en elles le talent de créer & de peindre ; fi elles peuvent avoir l'imagination forte, comme elles l'ont vive & légère ; fi le genre de la leur ne tient pas néceffairement à leurs occupations, à leurs goûts, à leurs plaifirs, à leur foibleffe même. Je demanderai fi leurs fibres plus délicates ne doivent pas craindre des

fenfatious

(113)

fenfations fortes qui les fatiguent, &
en chercher de douces qui les repo-
fent. L'homme toujours actif eft ex-
pofé aux orages. L'imagination du
Poëte fe nourrit fur la cime des mon-
tagnes, aux bords des volcans , fur
les mers, fur les champs de batailles,
ou au milieu des ruines; & jamais il
ne fent mieux les idées voluptueufes
& tendres, qu'après avoir éprouvé de
grandes fecouffes qui l'agitent. Mais
les femmes par leur vie fédentaire &
molle, éprouvant moins le contrafte
du doux & du terrible , peuvent-elles
fentir & peindre , même ce qui eft
agréable , comme ceux qui jettés
dans des fituations contraires, paffent
rapidement d'un fentiment à l'autre?
Peut-être même par l'habitude de fe
livrer à l'impreffion du moment, qui
chez elles eft très-forte , doivent-
elles avoir dans l'efprit plus d'images
que de tableaux. Peut-être leur imagination, quoique vive, reffemble-t-

H

elle au miroir qui réfléchit tout, mais ne crée rien.

De toutes les paſſions, l'amour ſans contredit eſt celle que les femmes ſentent & qu'elles expriment le mieux. Elles n'éprouvent les autres que foiblement & par contre-coup : celle-là leur appartient ; elle eſt le charme & l'intérèt de leur vie ; elle eſt leur ame. Elles doivent donc mieux réuſſir à la peindre. Mais ſçauront-elles, comme l'Auteur d'Andromaque & de Phèdre , ou celui de Zaïre , exprimer les tranſports d'une ame troublée qui joint les fureurs à l'amour, qui eſt tantôt impétueuſe & tantôt tendre , qui s'adoucit & qui s'irrite, qui verſe le ſang, & qui ſe ſacrifie enſuite elle-même ? Peindront-elles ſes retours, ſes fureurs , ſes orages ? non : & c'eſt la Nature elle-même qui le leur défend. Car la Nature a donné à l'un des deux ſexes l'audace des deſirs & le droit d'attaquer , à l'autre la défenſe

& ces defirs timides qui attirent en réfiftant. L'amour dans l'un eft une conquète, & dans l'autre un facrifice. Il faut donc en général que les femmes de tous les pays & de tous les fiécles, fçachent mieux peindre un fentiment délicat & tendre, qu'une paffion violente & terrible. Enfin obligées par leur devoir, par la réferve de leur fexe, par le defir d'une certaine grace qui adoucit tout, à cacher toujours une partie de leurs fentiments ; ces fentiments toujours contraints ne doivent-ils pas s'affoiblir chez elles peu-à-peu, & avoir moins d'énergie que ceux des hommes, qui toujours audacieux & extrèmes avec impunité, donnent à leurs paffions le dégré d'accent qu'ils veulent, & les fortifient encore en les développant ? Une contrainte paffagère allume les paffions ; une contrainte durable les amortit ou les éteint.

Pour l'efprit d'ordre & de mémoire qui claſſe des faits & des idées. afin de les retrouver au beſoin, comme il tient beaucoup à l'habitude & à des méthodes, on ne voit pas pourquoi les deux ſexes n'y réuſſiroient point également. Cependant pour la quantité même des matériaux d'où réſulte l'érudition, il faudroit encore examiner ſi dans les femmes l'excès du travail ne produiroit pas plus aiſément le dégoût. Seroit-il vrai que leur impatience & ce deſir naturel de changer, qui tient à des impreſſions fugitives & rapides, ne leur permît pas de ſuivre pendant des années le même genre d'étude , & d'acquérir ainſi des connoiſſances profondes & vaſtes ? On ſçait qu'il y a des qualités d'eſprit qui s'excluent. Ce ne peut être la même main qui taille le diamant, & qui creuſe la mine.

Je viens à un objet plus important, l'eſprit politique ou moral qui conſiſte dans la conduite de ſoi-même &

des autres. Pour balancer fur cet objet
les avantages ou les défavantages des
deux fexes, il faudroit diftinguer l'u-
fage de cet efprit dans la fociété, &
fon ufage dans le gouvernement.

Dans la fociété les femmes occupées fans ceffe à obferver, par le double intérèt d'étendre & de conferver
leur empire, doivent parfaitement
connoître les hommes. Elles doivent
démêler tous les plis de l'amour-
propre, les foibleffes fecrettes, les
fauffes modefties & les fauffes gran-
deurs, ce qu'un homme eft & ce qu'il
voudroit être, les qualités qu'il montre par l'effort même de les cacher;
fon eftime marquée jufques dans fes
fatyres, & par fes fatyres même. Elles
doivent connoître & diftinguer les
caractères, l'orgueil calme & qui jouit
naïvement de lui-même, l'orgueil
impétueux & ardent qui s'irrite, la
fenfibilité vaine, la fenfibilité tendre,
la fenfibilité brûlante fous des dehors

froids , la légereté de prétention , &
celle qui eft dans l'ame , la défiance
qui naît du caractère , celle de la
méchanceté, celle du malheur, celle
de l'efprit , enfin tous les fentiments
& toutes leurs nuances. Comme
elles mettent un très-grand prix à
l'opinion , elles doivent beaucoup ré-
fléchir fur ce qui la fait naître , la
détruit ou la confirme. Elles doivent
fçavoir comment on la dirige fans
paroître s'en occuper; comment on
peut faire illufion fur cet art même,
quand une fois il eft connu; quel eft
le prix qu'y mettent tous ceux avec
qui elles vivent, & jufqu'à quel point
on peut s'en fervir pour les gouverner.
Dans les affaires elles connoiffent les
grands effets que produifent de petites paffions. Elles ont l'art d'impo-
fer aux unes , en faifant voir qu'on
les connoît , d'éloigner les autres en
fe montrant très-loin même de les
foupçonner. Elles fçavent enchaîner

par des éloges qu'on mérite ; elles sçavent faire rougir en donnant des éloges qu'on ne mérite pas. Ce sont toutes ces connoissances si fines qui servent aux femmes de lisières pour conduire les hommes. La société est pour elles comme un clavessin, dont elles connoissent les touches ; elles ont deviné d'avance le son que chacune doit rendre. Mais les hommes, impétueux & libres, suppléant à l'adresse par la force , & par conséquent ayant moins d'intérêt d'observer , entraînés d'ailleurs par le besoin continuel d'agir, ont difficilement cette foule de petites connoissances morales, dont l'application est de tous les instants ; leurs calculs pour la société , doivent donc être à la fois moins rapides & moins sûrs.

Il faudroit ensuite comparer le genre d'esprit des deux sexes, appliqué au gouvernement. Dans la société on gouverne les hommes par leurs pasfions ; & les plus petits refforts font quelquefois les grands moyens. Mais dans le gouvernement des états c'eft par de grandes vues, par le choix des principes, fur-tout par la diftinction & l'emploi des talents, que l'on peut obtenir des fuccès. C'eft-là, que loin de fe fervir des foibleffes, il faut les craindre, & qu'il faut élever les hommes au deffus d'eux, au lieu de les y ramener fans ceffe. Ainfi dans la fociété l'art de gouverner eft celui de flatter les caractères, au lieu que l'art de l'adminiftration, eft prefque toujours celui de les combattre. La connoiffance même des hommes qu'il faut dans tous les deux, n'eft pas la même. Dans l'un il faut connoître les hommes par leur foibleffe, & dans l'autre par leur force. L'un tire parti des défauts pour de petites fins, l'autre découvre les grandes qualités qui tiennent à ces défauts même. Enfin l'un cherche les petits

coins dans le grand homme ; & l'autre doit démêler un grand homme
fouvent dans celui qui n'eft rien encore ; car il y a des ames qui n'exif-
tent point pour tout ce qui eft mé-
diocre.

Voyons maintenant fi ce genre
d'efprit & d'obfervation convient
également aux deux fexes. Je fçais
qu'il y a des femmes qui ont régné,
& qui régnent encore avec éclat.
Chriftine en Suède, Ifabelle de Caf-
tille en Efpagne, Elifabeth en Angleterre , ont mérité l'eftime de leur
fiécle & de la poftérité. Nous avons
vu dans la guerre de 1741, une Prin-
ceffe que nous admirions en la combattant , défendre l'Empire avec autant de génie que de courage ; & nous
voyons encore aujourd'hui l'Empire
Ottoman ébranlé par une femme.
Mais dans les queftions générales il
faut craindre de prendre les excep-
tions pour des régles, & chercher ce

qui eft dans le cours ordinaire de la
nature. Il faudroit donc voir fi dans
la fociété les femmes n'étant, & ne
pouvant prefque jamais être en action,
peuvent auffi bien connoître les talents, leur emploi, & leur ufage ou
leurs bornes; fi les grandes vues &
l'application des grands principes
fuppofant l'habitude de faifir des ré-
fultats d'un coup-d'œil, conviennent
à leur imagination de détail, & au peu
d'habitude qu'elles ont de généralifer
leurs idées. C'eft le caractère fur-tout
qui gouverne, c'eft la vigueur de l'ame
qui donne du reffort à l'efprit, qui
affermit & qui étend les idées politiques; mais le caractère ne peut prefque jamais être formé que par de
grands mouvements, de grandes efpérances ou de grandes craintes, &
le befoin de fe déployer fans ceffe
en agiffant: celui des femmes n'eft-il
donc pas deftiné en général à avoir
plus d'agrément que de force? Leur

imagination rapide, & qui fait quelquefois marcher le sentiment au-devant de la pensée, ne les rend-t'elles
pas dans le choix des hommes, plus
susceptibles, ou de prévention ou
d'erreur ? Enfin les calomnieroit-on
beaucoup, risqueroit-on même de
leur déplaire, si on osoit leur dire
qu'elles doivent dans la distribution
de leur estime, mettre un peu trop
de prix aux agréments, & être portées à croire qu'un homme aimable
peut être plus facilement un grand
homme ?

C'est peut-être là le défaut qu'on
put reprocher à Elisabeth. Les goûts
de son sexe perçoient à travers les
soins du Trône & la grandeur de son
caractère. On est fâché dans certains
moments, de la voir mêler aux vues
des grandes ames les foiblesses des
plus petites. Peut-être si Marie Stuard
eût été moins belle, sa rivale eût été
moins barbare. Ce goût de coquette-

rie, comme on sçait, donna à Elisabeth des favoris, qu'elle jugea bien
plus en femme qu'en Souveraine. Elle
crut trop aisément que l'art de lui
plaire supposoit du génie.

Cette même Reine si fameuse à
tant de titres, exerça sur les Anglois
un pouvoir presqu'arbitraire, & dont
peut-être on n'est pas assez surpris.
En général les femmes sur le Trône,
sont plus portées au despotisme, &
s'indignent plus des barrières. Le sexe
à qui la Nature assigna la puissance
en lui donnant la force, a une certaine confiance qui l'élève à ses propres yeux, & n'a pas besoin de s'at-
tester à lui-même des forces dont il
est sûr. Mais la foiblesse s'étonne du
pouvoir qu'elle a, & précipite ce pouvoir de tous les côtés pour s'en assurer elle-même. Les grands hommes
ont peut-être plus le genre de despotisme qui tient à la hauteur des
idées ; & les femmes hors de la classe

ordinaire, le defpotifme qui tient aux paffions ; le leur eft une faillie de leur ame, bien plus que le fruit d'un fyf- tême.

Une chofe favorife le defpotiime des femmes qui gouvernent ; c'eft que les hommes confondent en elles l'empire de leur fexe avec celui de leur rang. Ce qu'on eut refufé à la grandeur, on l'accorde à la beauté. D'ailleurs le pouvoir des femmes, même arbitraire, n'eft prefque jamais cruel. Elles ont plutôt un defpotifme de fantaifies que d'oppreffion. Le Trône même ne peut les guérir de leur fenfibilité ; elles portent dans leur ame le contre-poids de leur puiffance (1).

Si après avoir comparé les deux

(1) Il fuit de-là que dans une Monarchie limitée, les femmes fur le Trône tendroient plus au defpotifme, & que dans un pays defpotique elles fe rapprocheroient de la Monarchie par la douceur. Et c'eft ce qui eft affez prouvé par l'expérience.

fexes par les talents , nous les comparons par les vertus , nous trouverons d'autres rapports. D'abord l'expérience & l'hiftoire nous apprennent que dans toutes les fectes , tous les pays, & tous les rangs, les femmes ont plus que les hommes les vertus religieufes. Naturellement plus fenfibles , elles ont plus befoin d'un objet qui fans ceffe occupe leur ame; elles portent à Dieu un fentiment qui a befoin de fe répandre, & qui ailleurs feroit un crime. Avides du bonheur, & le trouvant moins autour d'elles, elles s'élancent dans une vie & vers un monde différent. Extrêmes dans leurs defirs , rien de borné ne les fatisfait. Plus dociles fur les devoirs, elles les raifonnent moins , & les fentent mieux. Plus affervies aux bienféances, elles croyent encore plus à ce qu'elles refpectent. Moins occupées & moins actives, elles ont plus le temps de contempler. Moins dif-

traites au dehors, elles s'affectent fortement de la même idée, parce qu'elles la voyent sans cesse. Plus frappées
par les yeux, elles goûtent plus l'ap-
pareil des cérémonies & des temples; & la religion des sens influe encore sur celle de l'ame. Enfin gênées
par-tout, privées d'épanchement avec
les hommes par la contrainte de leur
sexe, avec les femmes par une éternelle rivalité, elles parlent du moins
de leurs plaisirs & de leurs peines à
l'Etre suprême qui les voit, & souvent
déposent dans son sein des foiblesses
qui leur sont chères, & que le monde
entier ignore. Alors se rappellant leurs
douces erreurs, elles jouissent de leur
attendrissement même sans se le reprocher; & sensibles sans remords,
parce qu'elles le sont sous les regards
de Dieu, elles trouvent des délices
secrettes jusques dans le repentir &
les combats. Il sembleroit donc par
une suite même du caractère des

femmes , que leur religion devroit être
plus tendre & celle des hommes plus
forte ; l'une tenant plus à des prati-
ques & l'autre à des principes ; &
qu'en exaltant les idées religieufes ,
la femme feroit plus proche de la
fuperftition, & l'homme du fanatifme.
Mais fi une fois le fanatifme s'empare
d'elle , fon imagination plus vive
l'emportera plus loin ; & plus féroce
par la crainte même d'être fenfible ,
ce qui faifoit une partie de fes charmes
ne contribuera plus qu'à fes fureurs.

Aux vertus religieufes tiennent de
très-près les vertus domeftiques ; &
fans doute elles devroient être com-
munes aux deux fexes : mais ici l'avantage fe trouve encore du côté des
femmes ; du moins elles doivent plus
avoir des vertus qui leur font plus
néceffaires. Dans le premier âge ,
timide & fans appui, la fille eft plus
attachée à fa mère ; ne la quittant
jamais, elle apprend plus à l'aimer.
Tremblante

Tremblante elle fe raffure auprès de celle qui la protége ; & fa foibleffe qui fait fa grace, augmente encore fa fenfibilité. Devenue mère, elle a d'autres devoirs , & tout l'invite à les remplir. Alors l'état des deux fexes eft bien différent. Au milieu des travaux & parmi tous les arts, l'homme déployant fa force , & commandant à la Nature , trouve des plaifirs dans fon induftrie, dans fes fuccès , dans fes efforts même. La femme plus folitaire a bien moins de reffources. Ses plaifirs doivent naître de fes vertus ; fes fpectacles font fa famille. C'eft auprès du berceau de fon enfant, c'eft en voyant le fouris de fa fille & les jeux de fon fils, qu'une mère eft heureufe. Et où font les entrailles, les cris, les émotions puiffantes de la Nature ? Où eft ce caractère tout à la fois touchant & fublime qui ne fent rien qu'avec excès ? Eft-ce dans la froide indifférence & la trifte févérité de tant de pères ? non : c'eft dans l'ame brûlante & paffionnée des mères. Ce font elles qui par un mouvement auffi prompt qu'involontaire, s'élancent dans les flots pour en arracher leur enfant qui vient d'y tomber par imprudence. Ce font elles qui fe jettent à travers les flammes, pour enlever du milieu d'un incendie leur enfant qui dort dans fon berceau. Ce font elles, qui pâles, échevelées, embraffent avec tranfport le cadavre de leur fils mort dans leurs bras, collent leurs lévres fur fes lévres glacées, tâchent de réchauffer par leurs larmes fes cendres infenfibles. Ces grandes expreffions, ces traits déchirans qui nous font palpiter à la fois d'admiration, de terreur & de tendreffe, n'ont jamais appartenu, & n'appartiendront jamais qu'aux femmes. Elles ont dans ces moments je ne fçais quoi qui les éléve au deffus de tout, qui femble nous découvrir de nouvelles ames ; & reculer les bornes connues de la Nature.

Confidérez les devoirs même d'où naît la fidélité des époux ; lequel des deux fexes y doit être plus attaché ? lequel pour les violer a plus d'obfta- cles à vaincre ? eft mieux défendu par fon éducation, par fa réferve, par cette pudeur qui repouffe même ce qu'elle defire, & quelquefois dif- pute à l'amour fes droits les plus tendres ? Calculez le pouvoir que la Nature donne au premier penchant & aux premiers nœuds, dans un cœur né fenfible, & à qui jufqu'à préfent il a été défendu d'aimer. Calculez la force de l'opinion même qui régne avec tant d'empire fur l'un des deux fexes, & qui tyran bifarre, pour les mêmes foibleffes applaudit fouvent l'un, tandis qu'il flétrit l'autre. La Nature attentive, pour conferver les mœurs des femmes, a pris foin elle-

même de les environner des barrières
les plus douces. Elle a rendu pour
elles le vice plus pénible, & la fidélité
plus touchante. Non, & il faut l'a-
vouer, ce n'eſt preſque jamais par
elles que commence le déſordre des
familles ; & dans les ſiécles même où
elles corrompent, elles ont été aupa-
ravant corrompues par leur ſiécle.

Après les vertus religieuſes & do-
meſtiques viennent les vertus ſociales ;
& d'abord les vertus de ſenſibilité :
ce ſont toutes les paſſions affectueuſes
& douces. On ſçait qu'au premier rang
ſont l'amitié & l'amour.

C'eſt une grande queſtion de ſçavoir lequel des deux ſexes eſt le plus
propre à l'amitié. Montagne qui a ſi
bien connu ou deviné la Nature, &
qui nous a volé, il y a deux cents ans,
une partie de la philoſophie de notre
ſiécle, décide nettement la queſtion
contre les femmes ; mais ſur cet objet
il prononce plutôt qu'il n'examine.

(133)

On remarque même dans tout son
livre, qu'en général il rend peu de
justice aux femmes. Peut-être étoit-il
comme ce juge qui craignoit tant
d'être partial, qu'il avoit pour principe de faire toujours perdre le procès à ses amis. Sur cette question, si
je conversois avec Montagne, j'oserois lui dire : vous convenez sans
doute que l'amitié est le sentiment de
deux ames qui se cherchent, & qui
ont besoin de s'appuyer l'une sur
l'autre. Or il sembleroit qu'entre les
deux sexes, celui dont la tête & les
bras sont le plus occupés, qui est le
plus distrait, qui est le plus libre, qui
peut plus hautement répandre ses
idées & déployer tous ses sentiments,
qui dans la prospérité jouit plus par
l'orgueil, qui dans le malheur est plus
humilié qu'attendri, qui dans tous les
états a la conscience de ses forces &
se les exagère, peut se passer bien
plus aisément du commerce & des

doux épanchements de l'amitié : mais
les femmes, tendres & foibles & par
là même ayant plus befoin d'appui ;
dans l'intérieur plus expofées aux
chagrins & aux peines fecrettes,
ayant plus de ces douleurs de l'ame,
qui affectent plutôt la fenfibilité que
l'orgueil ; dans le monde , forcées
. prefque toujours de jouer un rôle,
& remportant avec elles une foule
de fentiments & d'idées qu'elles cachent & qui leur pèfent ; les femmes
enfin pour qui les chofes ne font rien,
& les perfonnes prefque tout ; les
femmes en qui tout réveille un fentiment, pour qui l'indifférence eft un
état forcé, & qui ne fçavent prefque
qu'aimer ou haïr , femblent devoir
fentir bien plus vivement la liberté
& le plaifir d'un commerce fecret,
& les douces confidences que l'amitié
fait & reçoit.

Montagne ne manqueroit pas de
me répliquer : vous jugez les femmes

(135)

d'après la Nature ; jugez-les d'après
la société, & sur-tout la société des
grandes villes. Voyez si le désir général de plaire, sentiment plus frivole
que profond, & bien plus vain qu'il
n'est rendre, ne doit pas dessécher
leur ame, & étouffer en partie leur
sensibilité même. Voyez, si flattées
par des éloges éternels, & accoutu-
mées au plus doux des empires, elles
peuvent se plier à ces sacrifices de
tous les jours, & à cette heureuse
égalité que l'amitié impose. Voyez
enfin si avec nous leur amitié plus
timide ne doit point avoir plus de
réserve ; & qu'est-ce qu'une amitié
qui est sur ses gardes, où tous les
sentiments sont couverts d'un demi-
voile, & où il y a presque toujours
une barrière entre les ames ? Je ne
vous parle point de leur amitié entr'elles. On n'y croyoit point trop
dans mon siécle ; & c'est apparemment de même dans le vôtre : mais

I iv

je vous demanderai jufqu'à quel point
elles peuvent s'aimer, dans le monde
fur-tout où fans ceffe elles fe com-
parent & font comparées, ou un re-
gard les divife, où leurs prétentions
fe multiplient, où elles ont des rivalités de rang, de beauté, de fortune,
d'efprit, de fociété même : car l'a-
mour-propre toujours calculant, toujours mefurant, vit de tout, s'irrite
de tout, & fe nourrit même de ce
qui l'irrite.

Non, pourroit ajouter Montagne,
l'amitié n'eft point en fuperficie, en
jargon, en vaines phrafes plus ridicules encore pour celui qui les croit,
que pour celui qui les dit. C'eft un
fentiment qui demande de l'énergie
dans l'ame, & une profondeur d'efprit
comme de caractère. C'eft une union
fainte & prefque religieufe, qui par
une efpèce de culte confacre tout
entier l'ami à fon ami. C'eft une paffion qui transforme deux volontés en

une, & fait vivre deux êtres de la même vie & de la même ame. L'amitié eſt impoſante & ſévère; pour en bien remplir les dévoirs, il faut être capable de parler & d'entendre le langage mâle & auſtère de la vérité. Il faut avoir un courage qui ne s'étonne ni des ſacrifices, ni des dangers. Il faut ſur-tout cette unité de caractère, que les femmes par la variété & la mobilité éternelle de leurs paſſions ont rarement, & qui fait qu'on eſt ſur de ſentir, de penſer, & d'agir comme ſon ami dans toutes les occaſions & tous les inſtans. Que dis-je? on ne s'aſſocie pas fortement ſans de grands intérêts. Et les femmes par leur état même ſont vouées au repos. La Nature les fit comme les fleurs pour briller doucement ſur le parterre qui les vit naître : mais les arbres nés & élevés au milieu des orages, & par leur vigueur même plus menacés d'être briſés par les vents, ont bien plus befoin de s'appuyer les uns les autres, & de fe foutenir en s'uniffant.

De toutes ces objections, il s'en-fuivroit peut-être que l'amitié dans les femmes doit être plus rare ; mais il faut convenir que lorfqu'elle s'y trouve, elle doit être auffi plus déli-cate & plus tendre. Les hommes en général ont plus les procédés que les graces de l'amitié. Quelquefois en foulageant ils bleffent ; & leurs fenti-ments les plus tendres ne font pas fort éclairés fur les petites chofes qui ont tant de prix. Mais les femmes ont une fenfibilité de détail qui leur rend compte de tout. Rien ne leur échappe : elles devinent l'amitié qui fe tait ; elles encouragent l'amitié ti-mide ; elles confolent doucement l'a-mitié qui fouffre. Avec des inftru-ments plus fins, elles manient plus aifément un cœur malade ; elles le re-pofent, & l'empêchent de fentir fes agitations. Elles fçavent fur-tout don-

ner du prix à mille chofes qui n'en
auroient pas. Il faudroit donc peut-
être défirer un homme pour ami
dans les grandes occafions ; mais pour
le bonheur de tous les jours, il faut
défirer l'amitié d'une femme.

Les femmes en amour ont les
mêmes délicateffes & les mêmes
nuances. Mais l'homme peut - être
s'enflamme plus lentement , & par
dégrés : les paffions des femmes font
plus rapides ; ou elles naiffent tout-à-
coup , ou elles ne naîtront point.
Plus gênées , leurs paffions doivent
être plus ardentes. Elles fe nourriffent
dans le filence , & s'irritent par le
combat. La crainte & les allarmes,
mêlent chez les femmes l'inquiétude
à l'amour , & en les occupant le re-
doublent encore. Quand l'homme eft
sûr de fa conquête, il peut avoir plus
d'orgueil ; mais la femme n'en a que
plus de tendreffe. Plus fon aveu lui
a coûté, plus ce qu'elle aime lui de-

vient cher. Elle s'attache par fes facrifices. Vertueufe elle jouit de fes
refus; coupable elle jouit de fes remords même (1). Ainfi les femmes,
quand l'amour eft paffion, font les
plus conftantes : mais auffi, quand
l'amour n'eft qu'un goût, elles font
les plus légères. Car alors elles n'ont
plus ce trouble, & ces combats, &
cette douce honte qui grave fi bien
le fentiment dans leur ame. Il ne leur
refte que des fens & de l'imagination :
des fens gouvernés par des caprices ;
une imagination qui s'ufe par fon
ardeur même, & qui en un inftant
s'enflamme & s'éteint.

Après l'amitié & l'amour vient la
bienfaifance, & cette compaffion
qui unit l'ame aux malheureux. On
n'ignore point, que c'eft-là fur-tout
le partage des femmes. Tout les dif-

____

(1) On peut ici faire mille objections ;
mais je ne parle que des femmes qui font de
leur fexe.

pofe à l'attendriffement de la pitié.
Les bleffures & les maux révoltent
leurs fens plus délicats. L'image de
la misère & du dégoût offenfe leur
douce moileffe. L'image des douleurs
& des chagrins affecte plus profondément leur ame , que leur propre
fenfibilité tourmente. Elles doivent
donc être plus empreffées à fecourir.
Elles ont fur-tout cette fenfibilité
d'inftinct, qui agit avant de raifonner,
& a déja fecouru quand l'homme dé-
libère. Leur bienfaifance en eft moins
éclairée peut-être , mais plus active.
Elle eft auffi plus circonfpecte & plus
tendre. Quelle femme a jamais manqué de refpect au malheur ?

Mais il faudroit examiner fi les femmes fi fenfibles en amitié, en amour,
envers les malheureux , peuvent s'élever jufqu'à l'amour de la patrie qui embraffe tous les citoyens , & à l'amour
général de l'humanité qui embraffe
toutes les nations.

Je ne prétends point rabaisser l'a-
mour de la patrie. C'est le plus généreux des sentiments ; c'est du moins
celui qui a produit le plus de grands
hommes, & qui a fait naître ces héros antiques, dont l'histoire étonne
tous les jours notre imagination &
accuse notre foiblesse. Mais si nous
voulons décomposer ce ressort, &
examiner de près en quoi il consiste,
nous trouverons que l'amour de la
patrie chez les hommes est presque
toujours un mêlange d'orgueil, d'intérêt, de propriété, d'espérance, de
souvenir de leurs actions ou des sacrifices qu'ils ont fait pour leurs concitoyens, & d'un certain enthousiasme factice qui les dépouille d'eux-
même, pour transporter leur existence
toute entière dans le corps de l'Etat.
Or il est aisé de voir que presqu'aucun de ces sentiments ne convient
aux femmes. Dans presque tous les
gouvernements du monde, exclues des

honneurs & des charges , elles ne
peuvent ni obtenir , ni efpérer , ni
s'attacher à l'Etat par l'orgueil d'avoir
joui des places. Ayant peu de part
dans la propriété , & gênées par les
loix dans celle même qu'elles ont,
la forme de légiflation dans tout pays
doit leur être affez indifférente. N'a-
giffant , ne combattant jamais pour
la patrie, elles n'ont aucun fouvenir
flatteur qui les y enchaîne, par la vanité ou des travaux ou des vertus.
Enfin exiftant plus dans elles-mêmes
·& dans les objets qui les attachent,
& peut-être moins dénaturées que
nous par les inftitutions fociales aux-
quelles elles ont moins de part, elles
doivent être moins fufceptibles de
l'enthoufiafme qui fait préférer l'Etat
à fa famille, & fes concitoyens à foi.
On ne manquera point de m'objecter
les fameufes citoyennes de Rome &
de Sparte. Je répondrai qu'il ne faut
pas comparer les républiques ancien-

nes à nos conftitutions modernes:
On m'objectera encore les prodiges
des femmes Hollandoifes dans la révolution des fept provinces. Je répondrai que l'enthoufiafme de la liberté peut tout ; qu'il y a des temps
où la Nature s'étonne de n'être plus
elle-même ; & que les grandes vertus
naiffent des grands malheurs.

Mais fi l'amour de la patrie eft peu
fait pour les femmes, l'amour général de l'humanité qui s'étend fur les
nations & fur les fiécles, & qui eft
une efpèce de fentiment abftrait ,
femble convenir encore moins à leur
nature. Il faut pouvoir fe peindre ce
qu'on aime. Ce n'eft qu'à force de
généralifer fes idées, que le Philofophe parvient à franchir tant de barrières, qu'il paffe d'un homme à un
peuple, d'un peuple au genre humain,
du temps où il vit, aux fiécles qui
naîtront un jour, & de ce qu'il voit
à ce qu'il ne voit pas. Les femmes
n'égarent

point ainſi leur ame au loin. Elles raſſemblent autour d'elles leurs ſentiments & leurs idées, & veulent tenir à ce qui les intéreſſe. Ces meſures ſi vaſtes ſont pour elles hors de la nature. Un homme eſt plus pour elles qu'une nation ; & le jour où elles vivent, plus que vingt ſiécles où elles ne ſeront pas.

Parmi les vertus ſociales, il y en a d'autres qu'on peut appeller plus proprement vertus de ſociété, parce qu'elles en ſont l'agrément & le lien. Leur uſage eſt de tous les inſtans. Elles ſont dans la vie ordinaire, ce qu'eſt la monnoie courante en fait de commerce. Telle eſt cette douceur qui rend le caractère plus ſouple, & donne aux manières un charme qui attire; l'indulgence qui pardonne les défauts, lors même qu'on n'a pas beſoin de pardon pour ſoi; l'art de ne point voir les foibleſſes qui ſe montrent, & de garder le ſecret à celles qui ſe

cachent ; l'art de déguiser ses propres
avantages, quand ils humilient ceux
qui ne les ont pas ; l'art de ne tyran-
niser ni les volontés ni les desirs, &
de ne point abuser de la foiblesse
même, qui en obéissant s'indigne ; &
la complaisance qui adopte les idées
qu'elle n'a point eues ; & la préve-
nance qui devine les craintes & en-
courage les pensées ; & la franchise
qui inspire une si douce confiance ; &
toute cette politesse enfin, qui peut-
être n'est pas la vertu, mais qui en
est quelquefois l'heureux mensonge,
qui donne des régles à l'amour-propre, & fait que l'orgueil à chaque
instant passe à côté de l'orgueil sans
le heurter.

Nous ne suivrons pas le parallèle
des sexes dans tous ces sentiments :
mais on remarque en général que les
femmes corrigent ce que l'excès des
passions mettroit d'un peu dur dans
le commerce des hommes. Leur main

délicate adoucit, pour ainsi dire, & polit les ressorts de la société. On voit que leur politesse est une suite de leur caractère; elle tient à leur esprit, à leur finesse, à leur intérêt même. Pour les plus vertueuses, la société est un lieu de conquêtes. Peu d'hommes ont fait le système de renvoyer tout le monde content, & tant pis pour ceux qui l'auroient : mais beaucoup de femmes ont eu ce projet, & quelques-unes y réussissent. Plus leur société s'étend, plus ce genre de mérite se perfectionne, parce qu'alors il y a plus de petits intérêts à concilier, & de caractères à réunir. C'est une machine qui se complique, & demande plus de supériorité pour assortir les mouvements (1).

---

(1) En général on est d'autant plus poli, qu'on est moins à soi & plus aux autres, qu'on tient plus à l'opinion, qu'on est plus jaloux d'être distingué, qu'on a peut-être moins de

(148)

Mais aussi cette politesse si fine doit quelquefois mener à la fausseté. On met l'expression du sentiment à la place du sentiment même. De-là le reproche si répété contre les femmes. Il faut convenir que par leur nature elles sont plus portées à tous les genres de dissimulation. C'est la force

---

ressources & de grands moyens pour l'être. Enfin , chez les particuliers comme chez les peuples , & dans les sexes comme dans les rangs , la politesse suppose encore l'oisiveté , parce qu'elle suppose l'habitude & le besoin de vivre ensemble. Et c'est de-là que naît l'art des ménagements , le besoin des égards , & toutes les petites jouissances de la vanité. On s'accoutume à donner ce qu'on reçoit , & à exiger ce qu'on donne. Ainsi la délicatesse de l'amour-propre produit tous les rafinements de la société ; comme la délicatesse des sens produit la recherche des plaisirs ; & la délicatesse de l'esprit (qui peut-être n'est que le résultat des deux autres) produit la finesse du goût. On voit comme tous ces objets tiennent ensemble , & comme ils tiennent aux femmes.

(149)

qui déploye tous fes mouvements en
liberté ; mais la foibleffe & l'art de
plaire, doivent obferver & mefurer les
leurs. Ainfi les femmes plus timides,
apprennent à cacher les fentiments
qu'elles ont, & finiffent par montrer
ceux qu'elles n'ont pas. L'homme peut
avoir de la franchife fans vertu ,
parce que fouvent elle eft fans effort,
& qu'elle peut être en lui le befoin
d'une ame impétueufe & libre; mais
la fincérité chez les femmes , quand
elle eft réelle , ne peut être qu'un
mérite. Quelquefois l'homme faux
joue la franchife par fyftême : les
femmes fe piquent rarement de ce
genre d'hypocrifie ; & quand par
hafard elles l'ont, elles donnent leur
franchife comme une marque de confiance, pour plaire davantage ; c'eft
un facrifice qu'elles font à l'amitié.
Ainfi l'homme a de la franchife par
orgueil, & la femme par adreffe. L'un
peut dire une vérité fans autre objet

que la vérité : dans la bouche de l'autre, la vérité même a toujours un but. La fausseté de l'homme va presque toujours à ses intérêts ; elle n'est que pour lui : celle de la femme va presque toujours à plaire ; elle se rapporte toute aux autres. De ces deux faussetés, l'une vous trompe, & l'autre vous séduit. Enfin la flatterie se trouve également dans les deux sexes : mais celle de l'homme est souvent dégoûtante à force d'être basse ; celle de la femme est plus légère & paroît de sentiment. Même quand elle est outrée, elle est amusante, & n'est jamais vile ; le motif & la grace la sauvent du mépris.

Pour achever ce parallèle qui n'est déja que trop long, il faudroit examiner encore dans les deux sexes, les vertus rigides qui tiennent à l'équité, & ces qualités vigoureuses & fortes qui tiennent au courage. Mais toutes les distinctions qu'on pourroit

(151)

faire fur ces objets, partiroient toû-
jours des mêmes principes. Ainfi à
l'égard de l'équité d'où naiffent les
devoirs d'une juftice auftère & im-
partiale, fi entre les deux fexes il y
en a un qui fente prefque toujours
avant que de juger; fi fon imagination qui l'entraîne, lui donne des
averfions ou des penchants dont il ne
fe rend pas compte; fi une règle uni-
forme & inflexible doit fatiguer fes
caprices; fi enfin dans tous les temps
il fe décide bien plus par des idées
particulières, que par des vues générales; il faut avouer alors que cette
équité rigide qui voit moins les circonftances que la règle, & les perfonnes que les chofes, feroit moins
faite pour lui. Auffi, rarement les
femmes font-elles comme la loi qui
prononce fans aimer ni haïr. Leur
juftice foulève toujours un coin du
bandeau, pour voir ceux qu'elles ont
à condamner ou à abfoudre. Ouvrez

l'hiſtoire ; vous les verrez toujours voiſines ou de l'excès de la pitié, ou de l'excès de la vengeance. Il leur manque cette force calme qui ſçait s'arrêter : tout ce qui eſt modéré les tourmente.

Une femme de beaucoup d'eſprit (1), a dit que les François ſembloient s'être échappés des mains de la Nature , lorſqu'il n'étoit encore entré dans leur compoſition que l'air & le feu. Elle en auroit pu dire autant de ſon ſexe : mais ſans doute elle n'a pas voulu trahir ſon ſecret.

Il ſeroit bien hardi de vouloir décider juſqu'où la nature des deux ſexes paroît ſuſceptible de courage : mais ce mot de courage eſt vague, & pour en fixer l'idée , il en faudroit diſtinguer de différentes eſpèces. On connoît la diſtinction du courage

____

(1) Madame de Graffini , Lettres Péruviennes.

d'efprit , & du courage phyfique :
mais ces deux genres fe fubdivifent
encore. Ainfi dans le courage d'efprit on trouve un courage de principes, qui fait braver l'opinion ; un
courage de volonté, qui donne de
l'énergie à l'ame, & l'empêche d'être
gouvernée; un courage de conftance,
qui fupporte l'idée des longs travaux
& les travaux même; un courage de
fang - froid, qui dans les circonftances
délicates voit tout , & voit bien : &
dans le courage phyfique un courage
contre la douleur , qui fçait fouffrir ;
un courage contre les périls , foit
celui d'audace qui affronte, foit celui
d'intrépidité qui attend; un courage
d'habitude, qui eft de tous les jours,
& s'applique à tous les objets ; & ce
courage d'enthoufiafme, qui eft comme
la fièvre d'une ame ardente, qui naît
& s'éteint, & fait braver dans un
temps ce qu'on eut redouté dans un
autre.

Je laiſſe à mes Lecteurs à faire
'application de-ces détails. Mais ce
qu'on doit remarquer, c'eſt que de
tous les genres de courage, celui que
les femmes ont le plus, eſt celui de
la douleur ; ce qui vient ſans doute
de la foule des maux auxquels les a
ſoumiſes la Nature. Quoi qu'il en ſoit,
elles aimeroient cent fois mieux ſouf-
frir que déplaire, & braveroient bien
plutôt la douleur que l'opinion. On
a vû auſſi dans les dangers, des
exemples d'un courage extraordinaire
chez les femmes. Mais c'eſt toutes
les fois qu'une grande paſſion, ou
une idée qui les remue vivement,
les enlève à elles-mêmes. Alors leur
imagination qui s'enflamme, leur fait
vaincre leur imagination même ; &
leur ſenſibilité ardente portée toute
vers un objet, étouffe les petites
ſenſibilités d'habitude, d'où naît la
crainte, & qui produiſent la foibleſſe.
Elles ont dans ces ſecouſſes une force

qui brave tout , & va plus loin qu'une
force habituelle , qui par sa conti-
nuité même a moins de reffort , &
doit être moins voisine de l'excès.

Telle eft dans la queftion de l'égalité ou de la fupériorité des fexes,
une partie des objets qu'il eût fallu
difcuter & mettre dans la balance.
Pour la bien traiter, il faudroit tout
à la fois être Médecin, Anatomifte,
Philofophe, raifonnable & fenfible,
& fur-tout avoir le malheur d'être
parfaitement défintéreffé.

Le feizième fiècle qui avoit vu
naître & s'agiter cette queftion, fut
peut-être l'époque la plus brillante
pour les femmes. Après ce temps
on trouve beaucoup moins d'ouvrages en leur honneur. Cette efpèce
d'enthoufiafme général d'une galanterie férieufe, étoit un peu tombée.
L'extinction entière de la Chevalerie
en Europe, l'abolition des tournois,
les guerres de religion en Allemagne,

en Angleterre, & en France, les femmes appellées dans les Cours, & les mœurs qui doivent naître de l'oisiveté, de l'intrigue, & de la beauté regardée comme un instrument de fortune, enfin le nouveau goût de société qui commença par-tout à se répandre, goût qui polit les mœurs en les corrompant, & qui, en mêlant davantage les deux sexes, leur apprend à se chercher plus & à s'estimer moins; tout contribua à diminuer un sentiment, qui pour être profond a besoin d'obstacles, & d'un certain état de l'ame où elle puisse s'honorer par ses desirs, & s'estimer par sa foiblesse même.

Cependant cette révolution ne se fit que lentement parmi nous. Sous François premier qui donna le signal de la corruption en France, on trouve encore en amour des jalousies, des vengeances, des haines, & des crimes qui prouvent des mœurs. Sous Ca-

therine de Médicis, ce fut un mélange de galanterie & de fureurs.
L'ardeur Italienne vint fe mêler à
la volupté Françoife. Tout fut intrigue. On parloit de carnage dans des
rendez-vous d'amour, & l'on médi-
toit, en danfant, la ruine des peuples.
Cependant les foins même de la politique & de la guerre, les factions,
les partis, & je ne fçais quoi de ro-
manefque qui reftoit encore, donnoient une certaine vigueur aux ames,
qui fe portoit jufques dans les fentiments que les femmes infpiroient.
Sous Henri IV, on vit une galanterie
plus douce. Il eut les mœurs d'un
Chevalier, & les foibleffes d'un Roi
fenfible. On fe fit honneur de l'imiter;
& les courtifans accoutumés aux actions d'éclat & aux conquêtes, audacieux & brillans, portèrent dans l'a-
mour cette efpèce de courage noble
qu'ils avoient montré dans les combats. On fe corrompoit par-tout;

(158)

mais on ne s’aviliſſoit point encore.

Sous Louis XIII, l’eſprit qui commença à ſe développer, fit mêler la
métaphyſique à la galanterie. On
connoît les fameuſes thèſes que le
Cardinal de Richelieu fit ſoutenir ſur
l’amour. Ce qu’on ſeroit tenté de
prendre pour une eſpèce de parodie
& une charge comique, n’étoit que
l’expreſſion ſérieuſe des mœurs de ce
temps-là. Les guerres de religion
avoient mis la controverſe à la mode.
Le nouveau goût des Lettres faiſoit
prendre les formes ſcolaſtiques pour
la ſcience. Le faux bel eſprit naiſſoit
du deſir de l’eſprit, & de l’impuiſſance
d’en avoir. La galanterie qui ne détruit rien & ſe mêle à tout, parce
qu’elle n’a rien de profond, & qu’elle
eſt plutôt une tournure de l’eſprit
qu’un ſentiment, la galanterie adop-
toit tous ces mélanges, & s’étoit
formé un nouveau jargon, tout à la
fois myſtique, métaphyſique & ro-

manefque. Ce n'étoit que differtations fur les délicateffes & les facrifices de l'amour. Quoiqu'on differte peu fur ce qu'on fent beaucoup , cependant ces converfations même & ces maximes, annonçoient un tour d'imagination, qui en permettant la galanterie, y joignoit la tendreffe , & lioit toujours à l'idée des femmes une idée de fenfibilité & de refpect.

La régence d'Anne d'Autriche & la guerre de la minorité furent une époque fingulière. La France étoit dans l'anarchie , mais on mêloit les plaifanteries aux batailles & les vaudevilles aux factions. Alors tout fe menoit par des femmes. Elles eurent toutes dans cette époque cette efpèce d'agitation inquiéte que donne l'efprit de parti, efprit moins éloigné de leur caractère qu'on ne penfe. Les unes imprimoient le mouvement, les autres le recevoient. Chacune felon fon intérêt & fes vues, cabaloit , écrivoit,

(160)

conspiroit. Le temps des affemblées
étoit la nuit. Une femme au lit, ou
fur fa chaife longue, étoit l'ame du
confeil. Là on fe décidoit pour négo-
cier, pour combattre, pour fe brouil-
ler, pour fe raccomoder avec la Cour.
Les foibleffes fecrettes préparoient
les plus grands événements. L'amour
préfidoit à toutes les intrigues. On
confpiroit pour ôter un amant à fa
maîtreffe, ou une maîtreffe à fon
amant. Une révolution dans le cœur
d'une femme, annonçoit prefque toujours une révolution dans les affaires (1).

____

(1) Chaque femme avoit fon département
& fon empire. Madame de Montbazon, belle
& brillante, gouvernoit le Duc de Beaufort;
Madame de Longueville, le Duc de la Rochefoucault; Madame de Chatillon, Nemours &
Condé; Mademoifelle de Chevreufe, le Coad-
juteur; Mademoifelle de Saujon, dévote &
tendre, le Duc d'Orléans; & la Ducheffe de
Bouillon fon mari. Cependant Madame de

Les

Les femmes dans le même-temps
paroiſſoient ſouvent en public & à la
tête des factions. Alors elles joignoient
à leur parure les écharpes qui diſtin-
guoient leur parti. On ſe ſeroit crû
tranſporté dans le pays des Romans,
ou au temps de l'ancienne Chevalerie.
On voyoit dans des ſalles ou ſur des
places, des inſtruments de muſique,
mêlés avec des inſtruments de guerre;
des cuiraſſes & des violons, & des
beautés parmi des guerriers. Souvent
elles viſitoient les troupes, & préſi-

___

Chevreuſe, vive & ardente, ſe livroit à ſes
amans par goût, & aux affaires par occaſion;
& la Princeſſe Palatine tour-à-tour amie & en-
nemie du grand Condé, par l'aſcendant de ſon
eſprit bien plus que de ſes charmes, ſubju-
guoit tous ceux à qui elle vouloit plaire, &
qu'elle avoit, ou la fantaiſie ou l'intérêt de
perſuader. On ſçait qu'elle eût tout à la fois
une ame paſſionnée & un eſprit ferme, &
qu'elle parut auſſi romaneſque en amour, que
politique dans les intérêts d'Etat.

L

{ 162 }

doient à des conseils de guerre (1).
La dévotion chez les femmes se mêloit à l'esprit de faction , comme
l'esprit de faction à la galanterie.
Lisez les mémoires du temps ; vous
verrez Mademoiselle remplir les devoirs les plus sacrés de la religion ,

---

(1) Il y eut un Régiment créé sous le nom
de *Mademoiselle* : & *Monsieur* écrivoit à des
femmes qui avoient suivi sa fille à Orléans ,
à *Mesdames les Comtesses Maréchales de camp
dans l'armée de ma fille contre le Mazarin.*
Personne n'ignore ce que fit cette Princesse ,
qui avoit tout le courage d'esprit qui man-
quoit à son père. On sçait qu'à Orléans , elle
escalada presque les murs , tandis qu'on dé-
libéroit si on devoit la recevoir. Et à la porte
St. Antoine , pendant que le grand Condé se
couvroit de gloire contre Turenne , qui n'étoit
plus grand , que parce qu'il combattoit pour
son Prince , elle étoit au milieu des morts &
des blessés , donnant dans Paris tous les ordres
que personne , ou ne pouvoit ou ne vouloit
donner, & se faisant obéir par respect de ceux
qui pouvoient lui désobéir par devoir.

(163)

avant de partir pour un voyage où
elle alloit cabaler contre le Roi. A
Orléans elle fait la guerre civile, &
va à complies. Elle donne des au-
diences réglées aux rébelles, au retour
de la Meſſe. On cabaloit le matin,
& on viſitoit les couvents le ſoir ;
jamais on ne vit plus de femmes de
la Cour ſe faire Carmélites. Il ſemble qu'au milieu des troubles les ames
ſe portoient à tout avec plus d'im-
pétuoſité ; & les imaginations échauf-
fées par tant de mouvements, ſe pré-
cipitoient également vers la guerre,
vers l'amour, vers la religion & vers
les cabales.

A l'égard de l'eſprit de galanterie,
il eut à-peu-près le même caractère,
ou les mêmes ſymptômes que ſous
Louis XIII ; excepté que la guerre
civile, & cette eſpèce d'exagération
que les mouvements extraordinaires
donnent à l'ame, fortifia la petite
teinte de Chevalerie qui reſtoit en-

core dans l'amour. Anne d'Autriche
avoit porté à la Cour de France une
partie des mœurs de son pays. C'étoit
un mélange de coquetterie & de fierté, de sensibilité & de réserve, c'est-à-
dire, un reste de l'ancienne & brillante galanterie des Maures , jointe
à la pompe & à la fierté des Castil-
lans. Alors danses, romans, comédies,
intrigues, tout fut Espagnol. Les dé-
guisements , les scènes de nuit , les
aventures devinrent à la mode ; seu-
lement la vivacité Françoise substitua
les violons, au son languissant des
guitares. On jouoit de grandes passions qu'on n'avoit pas ; on se faisoit
honneur d'afficher publiquement les
passions qu'on avoit. Un hommage
rendu à la beauté, étoit regardé de la
part des hommes comme un devoir.
Alors les plus petites choses avoient
une valeur ; & le don d'un bracelet ou
une lettre faisoit un événement dans
la vie. On parloit aussi sérieusement

de galanterie ou d'amour, que du gain
d'une bataille (1).

C'eſt ce caractère qui forma l'eſprit des premiers Romans du ſiécle
de Louis XIV ; Romans éternels,
parce qu'on croyoit que toute paſſion
doit être longue; ſérieux, parce qu'on
regardoit une paſſion comme une
choſe importante dans la vie ; pleins
d'aventures, parce qu'on s'imaginoit

____

(1) On connoît ces vers du Duc de la Rochefoucault à Mad. de Longueville.

Pour mériter ſon œur, pour plaire à ſes beaux
     yeux
J'ai fait la guerre aux Rois, je l'aurois faite
     aux Dieux.

On vit le Duc de Bellegarde qui s'étoit dé-
claré hautement l'amant de la Reine, en prenant congé d'elle pour aller commander une
armée, lui demander pour faveur qu'elle voulût
bien toucher la garde de ſon épée. On vit pendant la guerre civile M. de Chatillon amoureux
de Mademoiſelle de Guerchi, porter dans une
bataille une de ſes jarretières nouée à ſon bras.

que l'amour devoit tourner les têtes ;
pleins de converfations, parce qu'on
faifoit de l'amour une fcience qui
avoit fes principes, & une méthode ;
héroïques fur-tout, parce qu'il falloit
mettre les plus grands hommes aux
pieds des femmes, & que le préjugé
étoit alors que l'amour devoit con-
fulter l'honneur, & s'élever par fon
objet, au lieu de chercher à l'avilir.

C'eft ce caractère qui forma notre
théâtre, & fubjuguant jufqu'à Corneille, lui fit placer l'amour entre les
intérêts d'Etat & les vengeances , entre lés confpirations & les parricides.

C'eft cet efprit général régnant dans
l'enfance de Louis XIV , qui lui
donna peut-être avec les femmes ce
caractère, tout à la fois grand & fenfible, par lequel jeune encore & dans
une paffion ardente, il voulut placer
une de fes fujettes fur le trône, & fut
enfuite capable de fe vaincre ; par
lequel il conçut une paffion , non

moins vive pour Henriette d'Angleterre, & sçut y mettre un frein ; par
lequel toujours Roi quoiqu'amant, il
sçut dès sa jeunesse mettre de la
dignité dans ses plaisirs. Mais quoiqu'il couvrit toujours la volupté de
la décence, cependant les mœurs des
femmes par une révolution nécef-
saire, durent s'altérer sous son régne.

Jusqu'alors les vices de la Cour
n'avoient guères été ceux de la nation. Les différents ordres de l'Etat,
étoient plus séparés. On touchoit encore au temps où les grands Sei-
gneurs avoient une grandeur person-
nelle, qui les avoit rendus tout à la
fois redoutables pour la Cour , &
tyrans pour le peuple. Plus ils étoient
puiffans, plus les rangs étoient mar-
qués. L'orgueil ne se mêle pas , &
fait figne que l'on recule. Le defpotifme suprême abat toutes les barrières ; mais le defpotifme fubalterne
les multiplie pour fe féparer davan-

tage de ceux qui oferoient prétendre à l'égalité. Dans cet état, la corruption & l'audace des mœurs font prefque regardées comme un privilége du rang. Les vices même de ceux qui oppriment, font pour les autres une partie de leur oppreffion ; & l'on eft moins porté à imiter ceux que l'on hait. D'ailleurs la communication des mœurs de la Cour, ne pouvoit fe faire que par la haute magiftrature & les gens riches ; mais les Magiftrats plus auftères, étoient plus renfermés. Vivant entre l'étude & les loix, ils étonnoient la Cour, & ne l'imitoient pas. A l'égard des gens riches, la plûpart n'étoient que riches. La honte de certaines fortunes n'admettoit point la familiarité de l'orgueil. Le luxe qui feul rapproche la grandeur, de la richeffe, vice de quelques particuliers, n'étoit pas la maladie générale. Les uns n'avoient pas encore befoin de trafiquer de leurs noms ;

(169)

les autres ne penſoient point encore
à en acheter un. Comme on s'occupoit plus de ſes devoirs, il y avoit
moins de temps à perdre ; ainſi moins
de ſociété. Les mœurs de tout ce qui
n'étoit pas la Cour , étoient donc
plus ſauvages ; & cette eſpèce de
groſſièreté antique étoit une barrière
de plus , parce qu'elle étoit un ridicule. Le contraſte des manières mar-
quoit où l'orgueil devoit s'arrêter
pour ne pas ſe confondre. Entre la
capitale & les provinces, il n'y avoit
guères moins de barrières , qu'entre
les états. Moins de grands chemins,
de ſûreté, de voitures, ſur-tout moins
de luxe & de beſoins, & par conſé-
quent beaucoup moins de cette activité inquiète qui fait qu'on ſe dé-
place , & qu'on va chercher dans la
capitale, de l'or , de la ſervitude &
des vices , retenant chacun ſous le
toît de ſes pères , contribuoit à prolonger les mœurs de la nation.

(170)

Mais fous Louis XIV tout changea:
Les gens de la Cour n'ayant plus
que des titres fans pouvoir, & réduits
à une grandeur de repréfentation au
lieu d'une grandeur réelle, refluèrent
davantage vers la fociété & vers la
ville. L'inégalité des fortunes s'augmenta par l'inégalité des impóts. On
mit plus de prix aux richeffes. Les
grands eurent plus de befoins, les
riches plus de fafte, les pauvres corrompus par leurs defirs, moins de
mœurs; tout fe rapprocha. La magni-
ficence & le luxe du Prince fortifia
encore ces idées. On s'endetta par
devoir, & l'on fe ruina par orgueil.
On ménagea bientôt ceux qu'on mé-
prifoit. Pour cônferver fes titres, il
fallut les partager. L'or énlevé aux
pauvres devint le médiateur entre les
riches & ies grands. La magiftrature
même changea. Tout ce qui alloit à
Verfailles, en prit les mœurs. La
fociété plus polie fit difparoître la

différence des tons. La rouille des vieux usages s'effaça. Tous les ordres se mêlèrent. On accourut des provinces : la misère des campagnes, le luxe des villes, l'ambition, le commerce, la réputation du Prince & ses conquêtes, les fêtes romanesques de sa cour, les plaisirs même de l'esprit, tout attira dans la capitale ; on y vint en foule quitter ses préjugés, rougir de ses mœurs, & tout à la fois se polir, s'enrichir & se corrompre.

Il est trop aisé de voir l'influence que tous ces changemens & ce mélange universel durent avoir sur les femmes. La galanterie devint une mode, & l'aisance des mœurs une grace. Tout imita la Cour, & d'un bout du royaume à l'autre, les vices circulèrent avec les agrémens.

Une autre révolution accompagna celle des mœurs. Dans un pays où naissoit le goût de la société & des lettres, le goût de l'esprit dut gagner les femmes. Mais comme le goût ne se forme que lentement, que le naturel & la grace tiennent à un instinct délicat qui sent quelquefois le vrai, sans pouvoir le définir; comme on est porté à croire que ce qui coûte doit être admiré, & que pour être mieux il ne faut ressembler à personne; comme ce qui est faux paroît quelquefois brillant, parce qu'il présente une face nouvelle, & cache une partie de l'objet pour faire sortir le reste; comme enfin tout ce qui est de mode, s'exagère, on dut prendre d'abord le bel esprit pour l'esprit. Les femmes qui aspirèrent à se distinguer, créèrent des expressions qu'on admiroit beaucoup, parce qu'on les entendoit peu. On mit des mots singuliers à la place des idées qu'on n'avoit pas; & pour n'être pas commun, on devint ridicule. Tout contribua à ce délire, les livres Italiens & Espagnols, qui étoient alors très à la mode, les lettres de Voiture, les romans de Mademoiselle Scudéry, l'admiration très-réelle pour ce qu'on appelloit les *précieuses*, les conversations de l'hôtel de Rambouillet, enfin la société & le nom imposant de Madame de Longueville, qui après avoir été dans la fronde à la tête des factions, vieille & sans amans comme sans cabale, se désennuyoit à faire de la métaphysique sur l'amour & des dissertations sur l'esprit, & à préférer naïvement Voiture à Corneille.

On sçait que Molière en chargeant ce ridicule, le fit disparoître. Quelques femmes ensuite se livrèrent aux lettres, & quelques-unes cultivèrent les sciences ; mais ce fut bien loin d'être l'esprit général. Dans le siécle le plus éclairé, on ne pardonna point aux femmes de s'instruire. Il semble que la nation distinguée par sa valeur & par ses graces, ait toujours craint d'avoir une autre espèce de mérite. Le goût des lettres a été regardé comme une sorte de mésalliance pour les grands, & un pédantisme pour les femmes. Ce mépris secret digne des Francs nos ayeux, dut retenir surtout le sexe que l'opinion gouverne le plus. Quelques femmes bravèrent ce préjugé, mais on leur en fit un crime. Comme tout ce qui est bien a son excès, & qu'un bon mot ne peut manquer d'être une raison ; en associant ce qui est ridicule à ce qui est utile, on vint aisément à bout de décrier les connoissances dans les femmes. Despréaux & Molière joignirent au préjugé, l'autorité de leur génie. Mais trop habiles pour y manquer, tous deux chargèrent le tableau pour faire rire. Molière sur-tout mit la folie à la place de la raison, & l'on peut dire qu'il trouva l'effet théâtral plus que la vérité.

· En effet, à examiner la queſtion, il
ſemble que dans un pays & dans un
ſiécle où l'on eſt prodigieuſement loin
de cette première innocence qui attache des plaiſirs purs à la retraite,
& à l'heureuſe ignorance de tout, hors
de ſes devoirs ; dans un ſiécle où les
mœurs générales ſont corrompues
par l'oiſiveté, où tous les vices ſe
mêlent par le mouvement, & où on
ne peut plus remplacer ou ſuppléer
les vertus que par les lumières, au
lieu de détourner les femmes d'acquérir des connoiſſances & de s'inſtruire, il falloit les y encourager.
Armande & Philaminte ſont des êtres
très-ridicules, j'en conviens, & qui
méritent qu'on en faſſe juſtice: mais
le bon-homme Chriſale, qui dans ſa
groſſièreté franche & bourgeoiſe, ren-
voye ſans ceſſe les femmes à leur dez,
leur fil, & leurs aiguilles, & ne veut
pas qu'une femme liſe & ſçache rien
hors *veiller ſur ſon pot*, n'eſt plus du

fiécle de Louis XIV. (1) C'étoit remon-
ter à deux cents ans; c'étoit oublier que
les mœurs d'un fiécle font incompa-
tibles avec celles d'un autre ; & que
par un certain enchaînement de vertus & de vices, il y a un progrès
néceffaire de lumières comme de
mœurs , auquel il eft impoffible de
réfifter. On peut dire que c'eft fur-
tout pour la légiflation du théâtre
qu'eft fait le principe de Solon , de
donner non les meilleures loix poffibles , mais les meilleures relative-
ment au peuple & au temps. Ainfi
au lieu de faire contrafter avec les

____

(1) Voyez dans les femmes fçavantes l'excellente fcène feptième , du fecond acte. On fent
bien que je ne prétends point blâmer ici ce rôle
de Chrifale comme rôle comique : il eft du plus
grand effet ; & dans ce genre Chrifale & Mar-
tine font véritablement les deux rôles de génie
de la pièce. Je l'examine feulement du côté
moral, & indépendamment de tout effet de
théâtre.

deux

deux folles que Molière a peintes, ce
Chrifale qui eft donné pour l'homme
raifonnable de la piéce, & qui n'eft
que l'homme raifonnable d'un autre
fiècle ; fi on avoit peint une femme
jeune & aimable, qui eût reçu du côté
des connoiffances & de l'efprit la
meilleure éducation, & qui eût con—
fervé toutes les graces de fon fexe ;
qui fçût penfer profondément & qui
n'affectât rien ; qui couvrît d'un voile
doux fes lumières , & eût toujours
un efprit facile, de manière que fes
connoiffances acquifes paruffent ref—
fembler à la Nature ; qui pût appré-
cier & fentir les grandes chofes , &
ne dédaignât jamais les petites ; qui
ne fit ufage de l'efprit que pour rendre
plus touchant le commerce de l'amitié ; qui en étudiant & connoiffant le
cœur de l'homme, n'eût appris qu'à
avoir plus d'indulgence pour les foibleffes, & de refpect pour les vertus ;
qui enfin mît les devoirs avant tout,

M

mais les connoiſſances après les devoirs , & n'employât la lecture qu'à
remplir les inſtans que laiſſe dans le
monde le vuide des ſociétés & de ſoi-
même , & à embellir ſon ame en cultivant ſa raiſon ; peut-être alors la
comédie de Molière admirable à tant
d'égards , & excellente en tout point
ſi elle eût été faite pour un ſiécle moins
avancé , eût préſenté pour le ſiécle
poli & corrompu de Louis XIV , à
côté du ridicule une leçon , & dans
les femmes l'uſage heureux des lumières à côté de l'abus (1).

·Quoi qu'il en ſoit, les femmes ſous
Louis XIV, furent preſque réduites
à ſe cacher pour s'inſtruire, & à rougir de leurs connoiſſances , comme
dans des ſiècles groſſiers , elles euſſent

-----

(1) Je ne ſçais pas ſi Molière eût trouvé
un pareil modéle dans le ſiècle de Louis XIV;
mais je ſçais bien qu'il l'eût trouvé dans le
nôtre.

rougi d'une intrigue. Quelques-unes
cependant osèrent se dérober à l'ignorance dont on leur faisoit un devoir;
mais la plûpart cachèrent cette hardiesse sous le secret : où si on les
soupçonna, elles prirent si bien leur
mesure, qu'on ne put les convaincre;
elles n'avoient que l'amitié pour con-
fidente ou pour complice. On voit
par-là même que ce genre de mérite
ou de défaut ne dut pas être fort
commun sous Louis XIV : mais par
la politesse générale du siècle, il y eut
chez les femmes, un autre genre
d'esprit très à la mode alors, & sur-
tout à la Cour; c'est cet esprit aimable & qui n'a que des graces légères,
qui n'est point gâté par les connoissances, ou y tient si peu qu'on lui
pardonne, qui écrit très-agréablement
des bagatelles, & peut se compro-
mettre jusqu'à écrire quelquefois de
jolis vers, qui dans la conversation
charme toujours sans paroître y pré-

rendre, plaît à tout le monde, n'humilie perfonne, & lors même qu'il eft le plus brillant, l'eft de manière qu'on l'excufe, & qu'on voit bien qu'il n'y a pas de fa faute. Tel fut, comme on fçait l'efprit des la Fayette, des Ninon, des la Suze, des la Sablière & des Sevigné, des Thianges & des Montefpan, de la Duchefſe de Bouillon & de la belle Hortenfe Mancini fa fœur, enfin de Madame de Maintenon, lorfque jeune encore elle faifoit le charme de Paris, avant qu'elle habitât la Cour, & fût condamnée à la fortune & à l'ennui (1).

----

(1) Dans le nombre des femmes que je viens de citer, on diftinguera toujours Madame de la Fayette & Madame de Sevigné. Madame de la Fayette fi connue par des romans ingénieux & pleins d'une fenfibilité douce, joignoit une raifon folide à tous les agrémens du caractère & de l'efprit. C'eft elle, qui la première, a mis dans les romans, les fentiments à la place des aventures, & des hommes aimables au lieu

(181)

La plûpart de ces femmes furent célébrées par des Poëtes, qui pour leur plaire sçavoient prendre leur ton. On remarque que dans tous les vers de Boileau , il ne se trouve pas le nom

---

des héros. Elle fit dans son genre, ce que Racine fit dans le sien. En substituant l'intérêt aux prodiges , elle prouva qu'il valoit mieux attendrir qu'étonner.

Madame de Sevigné avec des lettres écrites au hasard, a fait sans y penser un ouvrage enchanteur. Dans son style plein d'imagination elle crée presque une langue nouvelle. Elle jette à tout moment, de ces expressions que l'esprit ne fait pas, & qu'une ame sensible seule peut trouver. Elle donne aux mots les plus communs, une physionomie & une ame. Tous ses tours de phrase sont des mouvements, mais des mouvements abandonnés, & qui n'en ont que plus de graces. Les moments qu'elle peint se fixent sous son pinceau; & on les voit encore. Comme elle s'accuse, se loue, se plaint! Comme sa joie est douce, & sa tristesse a de charmes! Comme elle intéresse toute la nature à sa tendresse! S'il y avoit un être qui ignorât ce que c'est que sen-

d'une feule femme de fon temps.
Pour mériter fes éloges, il falloit être
Roi, Miniftre, ou Docteur de Sor-
bonne. Mais Lafontaine plus fenfible
& plus doux, a loué prefque toutes
les femmes de la Cour, célèbres par
leurs agrémens ou leur efprit. Il avoit
une ame faite pour les fentir, & le ton
qu'il falloit pour les chanter. Dans
fon abandon & fa pareffe, il fembloit
errer fur tout avec indifférence; mais
il fentoit par inftinct les graces dans
les femmes, comme il les rencontroit
par inftinct dans fes vers. Racine très-
dédaigneux quoique très-courtifan,
& plus porté en général à la fatyre
qu'à l'éloge, n'en a loué que deux,
Madame de Maintenon dans Efther,

---

fibilité (à-peu-près comme il y a des aveugles
& des fourds de naiffance) & qu'on voulût lui
donner une idée de cette efpèce de fens qu'il
n'a pas, il faudroit lui faire lire les lettres de
Madame de Sevigné.

& Henriette d'Angleterre dans une dédicace ; mais Racine n'en eſt pas moins le plus éloquent Panégyriſte des femmes, qu'il y ait eu. Quinaut ſans en avoir peut-être chanté aucune, les a de même célébré toutes. Il a fait pour elles un monde exprès & qui ſubſiſte encore, où il n'y a d'autres mœurs que celles de l'ancienne Chevalerie, où les dieux, les héros & les hommes ſont tous amans par devoir, & où ſous peine de ridicule, il eſt défendu de penſer, de chanter, de combattre, de vivre, de mourir, & de monter aux cieux, ou de deſcendre aux enfers, que pour une femme.

Fléchier & Boſſuet en ont immortaliſé quelques-unes. Ils ont célébré des vertus, comme les autres ont célébré des agréments. Mais ſi l'oraiſon funèbre eſt de tous les ouvrages celui peut-être qui eſt le moins propre à peindre un caractère, même dans un

M iv

homme, parce qu'il faut presque toujours exagérer les proportions ; qu'on
a un cadre immense, & qu'on veut le
remplir ; qu'il y a des qualités qu'il
faut taire ; qu'il faut quelquefois supposer des motifs, où il n'y en a point ;
qu'il faut supprimer les détails, qui
cependant peignent mieux que les
masses ; qu'il faut donner à celui qu'on
loue en pompe, un caractère général,
& une physionomie qui soit une, &
que souvent il n'en a point eue ; enfin
parce qu'il faut faire une figure de
représentation, & qu'une figure de
représentation n'est presque jamais
une figure vraie : à plus forte raison,
ce genre est-il moins propre à bien
rendre l'espèce de mérite d'une femme. Leurs traits sont trop délicats &
trop fins ; ils échappent à ce pinceau.
Aussi presque toutes les oraisons funèbres de femmes ne peignent rien,
& ce sont plutôt des sermons que des
portraits. Bossuet en a deux célébres ;

(185)

mais la beauté de l'une tient à de
grands événements , & à un trône
renversé ; celle de l'autre , à une
mort tragique & terrible. De quatre
que Fléchier a faites , la meilleure
sans contredit est celle de Madame
de Montausier , mais a-t-il pu la
peindre (1)? Apprend-t-on là, ce qu'on

(1) Madame de Montausier, connue avant
son mariage sous le nom de *Julie d'Angennes*,
étoit fille de la célébre Marquise de Rambouillet ; elle fut dans son enfance prodigieusement
louée par tous les beaux esprits du temps. On
connoît l'histoire *de la guirlande de Julie*. C'é-
toient les plus belles fleurs peintes sur velin,
& au bas de chacune, un madrigal, composé
par les hommes les plus célébres du siécle. Le
grand Corneille en fit trois pour sa part; &
l'Auteur du Cid, de Rodogune, & de Cinna,
composa *la tulipe , la fleur d'orange & l'immor-
telle blanche*. Fléchier dans son oraison funébre,
ne peut ni ne doit peindre cette espèce de galanterie d'esprit, qui faisoit le caractère de ces
temps-là. Il ose parler de l'hôtel de Ram-
buillet ; mais comment ? il nous parle de ca-

(186)

fçait par les anecdotes du temps, que
la grande réputation d'efprit qu'eut
Madame de Montaufier dans fa jeuneffe, vint de ce que Voiture chez fa
mère lui compofoit fes lettres ? Ap-
prend-on là enfin , que dès qu'elle
fut à la Cour, elle oublia tous fes
amis, & que ce fut pour elle que le
Duc de la Rochefoucault fit cette
maxime, *qu'il y a des gens qui pa-
roiffent mériter de certaines places,
dont ils font voir eux-mêmes qu'ils*

---

*binets où l'efprit fe purifioit , de la vertu qu'on
y révéroit fous le nom de l'incomparable Arténice ;
enfin d'une cour nombreufe fans confufion , mo-
defte fans contrainte , fçavante fans orgueil , polie fans affectation.* Ces antithèfes font très-
belles fans doute , mais font-elles bien connoître ce dont il s'agit ? Peignent-elles le genre
d'éducation bon ou mauvais qu'une jeune perfonne devoit recevoir , parmi tant de differtations & de vers , de métaphyfique & d'efprit ,
entre Mademoifelle de Scudery & Madame de
Longueville , entre Sarrazin & Voiture ?

ſont indignes dès qu'ils y ſont par-venus. Au lieu de tout cela, Fléchier fidèle à ſa diviſion & à la chaire, eſt obligé de mettre des antithèſes, des phraſes & des vertus.

Après toutes cès femmes louées avec légéreté par des Poëtes, ou gravement & avec pompe par des Orateurs, il y en eut encore deux, quĩ dans un rang & un ordre différent, parvinrent néanmoins à la plus grande célébrité ; l'une eſt Mademoiſelle de Scudery ſi fameuſe alors, & qui vécut quatre - vingt - quinze ans, dont elle paſſa plus de ſoixante à écrire avec grace quelques jolis vers dont on ſe ſouvient, & avec une effrayante facilité, de gros volumes qu'on ne lit plus. On ſçait que pendant un temps elle tourna les têtes, & qu'elle eut autant d'influence par ſes romans, que Boileau en eut depuis par ſes ſatyres & par ſon goût. L'autre eſt la ſçavante Mademoiſelle le Feb-

vre, si connue sous le nom de Madame
Dacier. Son mérite, il est vrai, n'étoit
point un mérite de femme, mais elle
avoit de bonne heure pris son parti
de n'être qu'un homme; & quoique
ce ne fut point à la manière de Ninon,
elle ne laissa pas que de faire des en-
thousiastes. Ses deux langues naturelles étoient celles de Térence &
d'Homère; aussi recevoit-elle souvent
des Madrigaux Grecs & Latins. Les
personnes les plus sçavantes de l'Europe conspirèrent à la louer. Enfin la
Mothe la chanta, la Mothe si connu
par ses démêlés littéraires avec elle,
où tous deux avoient changé de
rôle (1). Il prononça en son honneur
dans l'Académie Françoise, une de ces

____

(1) On sçait que dans sa dispute sur Homère, il mit tout l'esprit & toutes les graces
d'une femme, tandis qu'elle y mettoit toute
l'érudition, & quelquefois un peu de l'excès
de force d'un homme.

odes raifonnables & fenfées qu'il fçavoit fi bien faire. Cet hommage public honoroit à la fois la Mothe, les
femmes & les Lettres.

Je ne dirai rien des autres femmes
qui écrivirent à-peu-près dans le
même temps. Ce catalogue fe trouve
par-tout; d'ailleurs je ne parle ici que
des femmes dont l'ame & l'efprit ont
eu un caractère, & qui peuvent fervir à faire connoître les idées ou les
mœurs de leur fiècle. C'eft ici un
tableau & non pas une hiftoire.

Le réfultat des mœurs & du caractère général des femmes fous
Louis XIV, fut donc la volupté unie
à la décence, de l'activité tournée
vers les intrigues, peu de connoiffances, beaucoup d'agrémens, une
politeffe fine, un refte d'empire fur
les hommes, le refpect pour toutes
les idées religieufes qui fe mêloit à
cette coquetterie de mœurs, & toujours le remord à côté ou à la fuite
de l'amour.

(190)

Sous la régence il se fit une révolution. Les dernières années de
Louis XIV , avoient répandu à la
Cour & sur une partie de la nation,
je ne sçais quoi de plus sérieux & de
plus triste. Dans le fond les penchans
étoient les mêmes ; mais ils étoient
plus réprimés. Une nouvelle Cour &
de nouvelles idées changèrent tout.
Une volupté plus hardie devint à la
mode. On mit de l'audace & de l'im-
pétuosité dans ses desirs; & l'on dé-
chira une partie du voile qui couvroit
la galanterie. La décence qui avoit
été respectée comme un devoir ,
ne fut pas même gardée comme un
plaisir. On se dispensa réciproque-
ment de la honte. La légèreté se
joignit à l'excès ; & il se forma une
corruption toute à la fois profonde
& frivole, qui pour ne rougir de rien,
prit le parti de rire de tout.

Les bouleversemens des fortunes
précipitèrent ce changement. L'ex-

trême misère & l'extrême luxe en furent les fuites ; & on fçait leur influence. Rarement chez un peuple, eſt-il arrivé une fecouſſe rapide dans les propriétés, fans une prompte altération dans les mœurs.

Depuis plus de fix fiècles, la galanterie faifoit le caractère de la nation ; mais l'efprit de Chevalerie toujours mêlé à ce fentiment, cet efprit inféparable de l'honneur, faifoit du moins que la galanterie reſſembloit à l'amour, & que le vice avoit toute la vertu dont le vice eſt fufceptible. Mais quand il refta peu de traces de cet honneur antique, la galanterie même y perdit ; elle devint un fentiment vil qui fuppofa toutes les foibleſſes, ou les fit naître (1).

------

(1) L'efprit de Chevalerie avoit long-temps furvécu aux ufages, aux loix, aux inſtitutions, au genre de gouvernement même qui l'avoit fait naître. On en voit encore une empreinte

Dans le même temps, & par cette pente générale qui entraine tout, le goût de la société des femmes augmenta. La séduction plus aisée, offrit par-tout plus d'espérances. Les hommes vécurent moins ensemble ; les femmes moins timides s'accoutumèrent à secouer une contrainte qui les honore. Les deux sexes se dénaturèrent ; l'un mit trop de prix aux agrémens, l'autre à l'indépendance.

Comme on s'attachoit plus à devenir homme de société que citoyen, on entra beaucoup plutôt dans le monde. Les jeunes gens gâtés par les femmes, joignirent ensemble les défauts de leur âge, & ceux de leurs succès. Ayant en général plus de passions que d'idées, la tête vuide &

---

marquée, dans les premiers ouvrages du siècle de Louis XIV, & dans les premières fêtes qu'il donna à sa Cour. On ne peut douter que cet esprit n'ait prolongé les mœurs.

l'ame

l'ame ardente, inconstans par vanité, ou multipliant leurs goûts par ennui, mettant peu de prix à l'opinion, qui pour eux n'existe pas encore, ils donnèrent à un grand nombre de femmes leurs vices & leurs travers.

Alors le poids du temps, le désir de plaire, dut répandre de plus en plus l'esprit de société ; & l'on dut venir au point où cette sociabilité poussée à l'excès, en mêlant tout, acheva de tout gâter; & telle est peut-être l'époque où nous sommes.

Chez un peuple où l'esprit de société est porté aussi loin, on ne doit plus connoître la vie domestique. Ainsi tous les sentiments de la Nature qui naissent dans la retraite, & qui croissent dans le silence, y doivent être affoiblis. Les femmes y doivent donc être moins épouses & mères.

Les mœurs dirigent plus les préjugés, que les préjugés·encore ne

dirigent les mœurs. On doit donc
renvoyer la fidélité des mariages au
peuple, les facrifices de l'amitié aux
bonnes gens, l'enthoufiafme de l'a-
mour aux Paladins. Ces fentiments
font trop exclufifs; qu'en feroit-on ?
Ils donnent à un feul, ce qui doit être
à tous.

Plus le lien général s'étend, plus
tous les liens particuliers fe relâchent.
On paroît tenir à tout le monde, &
l'on ne tient à perfonne. Ainfi la fauffeté s'augmente. Moin: on fent, plus
il faut paroître fentir.

Par un contrafte bizarre, on s'ex-
tafie au mot de fentiment; & tout
fentiment vrai & profond eft un ridicule. Peut-être croit-on, que ce qu'on
ne fent pas, n'exifte point. Peut-être
fe rend-on affez de juftice pour voir
qu'on n'a point droit à un fentiment
plus réel; celui qui le donne, au lieu
de paroître fenfible, ne paroît plus
qu'une dupe.

Jamais le mot de *romanesque* ne dut être si à la mode. Ce mot satisfait doublement la vanité. Il dispense de l'estime pour des vertus qu'on n'a point; il dispense de rougir pour des vices ou des foiblesses qu'on a. Il nous rend encore très-contents de nos lumières. Nous croyons avoir tout apprécié, & voir supérieurement ce qu'est l'homme & ce qu'il peut être.

On doit parler beaucoup de plaisir, & il ne doit être nulle part. L'ame se précipite sur les objets, quand il faudroit s'en tenir à une certaine distance. L'imagination nous laisse froids, parce qu'elle n'a plus rien à créer; on a perdu les illusions.

Ce vuide qu'on éprouve, & le défaut d'énergie dans l'ame, ont dû créer *l'amusement*; mot des esprits froids & des ames légères; mot devenu important, & qui devroit être ridicule par le sérieux qu'on y met; mot qui suppose qu'on n'est plus rien par les vertus , & peut-être par les sens.

Cet amusement, ce je ne sçais quoi qui ne tient ni à l'imagination , ni à l'esprit, ni à l'ame , & ne consiste peut-être que dans des formes , étant le seul but , tout doit s'y rapporter. Les agréments font supposer les vertus, font pardonner les vices. Presque personne n'a plus la hardiesse de mépriser ce qui est vil, quand ce qui est vil en impose par les graces. L'esprit ne voit que de petits côtés ; l'ame se resserre , & se replie autour de petites choses : plaire ou déplaire deviennent les grands mots de la langue.

Comme on est sans cesse en spectacle, l'amour-propre plus irrité doit être plus vif; mais ce même goût de société qui l'irrite, sçait l'arrêter. Il s'étouffe , il renaît; il laisse échapper son secret à demi , & le retient. C'est une lutte où il tâche sans cesse de vaincre sans avoir l'air de combattre ,

& où il déguife fes efforts, pour ne pas faire foupçonner fes droits.

De tout cela enfemble doit naître chez les deux fexes une frivolité inquiète, & une vanité férieufe & occupée. Mais ce qui doit fur-tout caractérifer les mœurs, c'eft la fureur de paroître, l'art de tout mettre en furface, la grande importance mife à de petits devoirs, & le grand prix à de petits fuccès. On doit parler gravement des bagatelles de la veille, & de celles du lendemain. Enfin l'ame & l'efprit doivent avoir une activité froide, qui les répande fur mille objets fans les intéreffer à aucun, & donne du mouvement fans donner de reffort.

Mais fi le goût des lettres & la manie de l'efprit fe mêle dans le même fiécle, à ce goût actif de fociété, de ce mêlange doivent réfulter d'autres effets. Alors doit régner un defir général de paroître inftruit, fans qu'on

ait le temps de l'être. Alors on doit
voir des foules de demi-connoiſſances;
des idées philoſophiques, que de leur
retraite jettent quelques hommes de
génie, & que la multitude va s'arra-
chant, ſe diſputant, répétant & épar-
pillant dans des cercles; des conver-
ſations légères ſur des objets pro-
fonds; des formules d'eſprit toutes
faites, & de l'eſprit de mémoire,
quand on n'en peut avoir à ſoi; des
établiſſements & des chocs de ſociétés; des prétentions de toute eſpèce & de tout caractère, des prétentions hardies, des prétentions froides
& hautes, des prétentions circonſ-
pectes .& qui ſe tiennent ſur la ré-
ſerve; la fureur des réputations, quelques-unes de réelles, beaucoup plus
d'uſurpées; l'intrigue, les ménagements, les petits ſoins; enfin l'art
de louer pour ſe faire louer; l'art de
joindre un mérite étranger au ſien,
& d'intéreſſer la renommée ou par ſoi-
même, ou par les autres.

Comme la maſſe générale des lumières eſt plus grande , & que par le
mouvement elles ſe communiquent,
les femmes ſans ſe donner même aucune peine , doivent être plus inſtruites; mais fidèles à leur plan, elles
ne cherchent les lumières, que comme
une parure de l'eſprit. En apprenant
elles veulent plaire plutôt que ſçavoir, & amuſer plutôt que s'inſtruire.

D'ailleurs dans un état de ſociété
où il y a un mouvement rapide, &
une ſucceſſion éternelle d'ouvrages
& d'idées , les femmes occupées à
ſuivre ce tableau qui change & fuit
ſans ceſſe autour d'elles, doivent plus
connoître dans chaque genre l'idée
du moment, que celle de tous les
temps, & celle qui domine, que celle
qu'on doit ſe former. Elles doivent
donc ſçavoir plus la langue des arts
que leurs principes , & avoir plus
d'idées de détail, que de ſyſtêmes de
connoiſſances.

(200)

Il me semble que dans le seizième
siècle, les femmes s'instruisoient par
enthousiasme pour les connoissances
mêmes. C'étoit en elles un goût profond qui tenoit à l'esprit du temps , &
se nourrissoit jusques dans la solitude.
Dans celui-ci c'est moins un goût
réel , qu'une coquetterie d'esprit ; &
comme sur tous les objets , un luxe ,
plus de représentation que de richesse.

Par la même raison , plus de femmes autrefois durent avoir le courage
d'écrire. Qu'ont-elles besoin de ce
mérite ? Les hommages viennent les
chercher sans peine. La jouissance de
tous les instants les dédommage de
cette gloire qui les feroit vivre où
elles ne sont pas. Chaque jour finit
pour elles les prétentions de chaque
jour. Mille intérêts se mêlent à celui
de leur esprit. Leurs idées volent sur
un objet , & passent rapidement à un
autre. Le mouvement général les entraîne. D'ailleurs un esprit qui a des

graces naturelles , n'eft dans fa force que lorfqu'il eft libre. Avec le don de plaire il embellit tout; mais content de ces fuccès, & timide par ces fuccès même , il préfére une exiftence d'opinion à une exiftence réelle , & craint de donner fa mefure à l'envie (1).

Il feroit peut-être curieux d'examiner maintenant ce qui doit réfulter parmi nous , de tout ce mélange de mouvement & d'idées, de frivolité & d'efprit, de philofophie dans la tête & de liberté dans les mœurs. Il feroit curieux de comparer le caractère actuel des femmes avec celui qu'elles ont eu dans toutes les époques; avec

____

(1) Ce n'eft pas que dans ce fiécle, il n'y ait des femmes qui ayent écrit, & qui écrivent encore avec diftinction ; elles font connues : mais leur nombre diminue tous les jours ; & il y en a infiniment moins qu'il n'y en eût à la renaiffance des lettres, & fous Louis XIV même.

leur timide réserve , & leur douce modeſtie en Angleterre ; leur mêlange de dévotion & de volupté en Italie ; leur imagination ardente & leur ſenſibilité jalouſe en Eſpagne ; leur profonde retraite à la Chine , & les barrières , qui depuis quatre mille ans dans cet empire les ſéparent des regards des hommes ; enfin avec le caractère & les mœurs qui doivent réſulter pour elles de leur clôture dans preſque toute l'Aſie , où n'exiſtant que pour un ſeul , ne pouvant cultiver ni leur caractère , ni leur raiſon , & deſtinées à n'avoir que des ſens , elles ſont forcées par la bizarrerie de leur état , à joindre la pudeur à la volupté , & la coquetterie à la retraite : mais pour faire ce parallèle , il ſuffit de l'indiquer.

J'obſerverai ſeulement que dans ce ſiècle , il y a moins d'éloges de femmes que jamais. La triſte dignité des panégyriques funèbres , n'eſt preſque

plus réservée que pour les femmes
qui ont occupé, ou étoient deftinées
à occuper des trônes. Les Orateurs
philofophes ne célébrent que ce qui
a été utile à l'humanité entière, ou à
des nations. Les Poëtes femblent
avoir perdu cette galanterie délicate
qui fit long-temps leur caractère. Ils
chantent plus les plaifirs, que l'amour,
& font plus voluptueux que fenfibles.
Ce goût général pour les femmes,
qui n'eft ni amour, ni paffion, ni
galanterie même, mais l'effet d'une
habitude froide & factice, ne réveille
plus nulle part ni l'imagination ni
l'efprit. Dans les fociétés, dans ce mêlange éternel des fexes, on apprend
à louer moins, parce qu'on apprend
à être plus févère. L'amour-propre,
juge & rival, quelquefois indulgent
par orgueil, mais prefque toujours
cruel par jaloufie, n'a jamais été plus
vigilant à épier des défauts & à femer
des ridicules. L'éloge eft produit par

l'enthoufiafme; & jamais dans aucun
fiécle on n'en eut moins , quoique
peut-être on en affecte plus. L'enthoufiafme naît d'une ame ardente , qui
crée les objets au lieu de les voir.
Aujourd'hui on voit trop : & à force
de lumières , on voit tout froidement.
Le vice même eft au rang des prétentions. Moins on eftime les femmes , plus on paroît les connoître.
Chacun a l'orgueil de ne pas croire
à leurs vertus ; & tel qui voudroit
être fat & qui ne peut y réuffir, en
difant du mal d'elles , s'énorgueillit
fouvent d'une fatyre, que, pour com-
ble de ridicule , il n'a pas droit de
faire. Tel eft à l'égard des femmes
même , l'influence de cet efprit général de fociété qui eft leur ouvrage,
& qu'elles ne ceffent de vanter. Elles
font comme ces Souverains de l'Afie
que l'on n'honore jamais plus que
lorfqu'on les voit moins: en fe com-
muniquant trop à leurs fujets, elles les
ont encouragés à la révolte.

(205)
Cependant malgré nos mœurs &
nos éternelles satyres, malgré notre
fureur d'être estimé sans mérite, &
notre fureur plus grande encore de
ne trouver rien d'estimable , il y a
dans ce siècle, & dans cette capitale
même, des femmes qui honoreroient
un autre siècle que le nôtre. Plusieurs
joignent à une raison vraiment cul-
tivée une ame forte , & relévent par
des vertus, leurs sentiments de courage & d'honneur. Il y en a qui pourroient penser avec Montesquieu, &
avec qui Fénelon aimeroit à s'attendrir. On en voit qui dans l'opulence,
& environnées de ce luxe qui force
presque aujourd'hui de joindre l'ava-
rice au faste , & rend les ames à la
fois petites, vaines & cruelles, séparent tous les ans de leurs biens une
portion pour les malheureux, connoissent les asyles de la misère , &
vont rapprendre à être sensibles en y
versant des larmes. Il y a des épouses

tendres, qui jeunes & belles, s'hono-
rent de leurs devoirs, & dans le plus
doux des liens offrent le fpectacle
raviffant de l'innocence & de l'amour.
Enfin il y a des mères qui ofent être
mères. On voit dans plufieurs maifons la Beauté s'occupant des plus
tendres foins de la nature, & tour-à-
tour preffant dans fes bras ou fur
fon fein le fils qu'elle nourrit de fon
lait, tandis que l'époux en filence
partage fes regards attendris entre le
fils & la mère.

Oh! fi ces exemples pouvoient ramener parmi nous la nature & les
mœurs! Si nous pouvions apprendre
combien les vertus pour le bonheur
même, font fupérieures aux plaifirs;
combien une vie fimple & douce où
l'on n'affecte rien, où l'on n'exifte
que pour foi, & non pour les regards
des autres, où l'on jouit tour-à-tour
de l'amitié, de la nature, & de foi-
même, eft préférable à cette vie in-

quiète & turbulente, où l'on court
fans ceffe après un fentiment qu'on
ne trouve point ! Ah ! c'eft alors que
les femmes recouvreroient leur empire. C'eft alors que la beauté em-
bellie par les mœurs, commanderoit
aux hommes, heureux d'être affervis,
& grands dans leur foibleffe. Alors
une volupté honnête & pure affai-
fonnant tous les inftants, feroit un
fonge enchanteur de la vie. Alors les
peines n'étant pas empoifonnées par
le remords, les peines adoucies par
l'amour & partagées par l'amitié, fe-
roient plutôt une trifteffe attendrif-
fante, qu'un tourment. Dans cet état
la fociété feroit moins active fans
doute, mais l'intérieur des familles
feroit plus doux. Il y auroit moins
d'oftentation , & plus de plaifir ;
moins de mouvement , & plus de
bonheur. On parleroit moins de plaire,
& l'on fe plairoit davantage. Les
jours s'écouleroient purs & tran-

quilles : & fi le foir on n'avoit pas la
trifte fatisfaction d'avoir pendant le
cours d'une journée , joué le plus
tendre intérêt avec trente perfonnes
indifférentes , on auroit du moins
vécu avec celles que l'on aime ; on
auroit ajouté pour le lendemain, un
nouveau charme au fentiment de la
veille. Faut-il qu'une fi douce image
ne foit peut-être qu'une illufion ? Et
dans cette fociété bruyante & vaine,
n'y a-t-il plus d'afyle pour la fimplicité & le bonheur ?

Il doit y avoir dans chaque fiècle
un caractère diftinctif pour le mérite
des femmes ; il confifte à tirer le plus
grand parti des qualités dominantes
dans chaque époque, & à en éviter
les défauts. D'après cela ne pourroit-
on pas dire que la femme eftimable
du fiècle, feroit celle qui en prenant
dans le monde tous les charmes de
la fociété , c'eft-à-dire le goût , la
grace & l'efprit, auroit fçu en même-
temps

temps fauver fa raifon & fon cœur
de cette vanité froide, de cette fauffe
fenfibilité, de ces fureurs d'amour-
propre, & de tant d'affectations qui
naiffent de l'efprit de fociété pouffé
trop loin ; celle qui affervie malgré
elle aux conventions & aux ufages
(puifqu'ils font partie de notre fa-
geffe) ne perdroit point de vue la
nature , & fe retourneroit encore
quelquefois vers elle, pour l'honorer
du moins par fes regrets ; celle qui
entraînée par le mouvement général,
fentiroit encore le befoin de fe repofer de temps en temps auprès de
l'amitié; celle qui par fon état forcée
à la dépenfe & au luxe, choifiroit du
moins des dépenfes utiles, & affocie-
roit l'indigence induftrieufe & honnête à fa richeffe; celle qui en cultivant la philofophie & les lettres, les
aimeroit pour elles-mêmes, non pour
une réputation vaine & frivole; qui
dans l'étude des bons livres cherche-

roit à éclairer son esprit par la vérité ;
à fortifier son ame par des principes,
& laisseroit là le jargon, l'étalage &
les mots ; celle enfin, qui parmi
tant de légereté auroit un caractère ;
qui dans la foule auroit conservé une
ame ; qui dans le monde oseroit avouer
son ami, après l'avoir entendu ca-
lomnier ; qui oseroit le défendre, quand
il devroit jamais n'en rien sçavoir ;
qui ne ménageroit point un homme
vil, quand par hazard il auroit du
crédit & une voix, mais qui au risque
de déplaire sçauroit dans sa maison
& hors de chez elle, garder son estime à la vertu, son mépris au vice,
sa sensibilité à l'amitié, & malgré l'envie d'avoir une société étendue, au milieu même de cette société, auroit le
courage de publier une façon de penser
si extraordinaire, & le courage plus
grand de la soutenir.

APPROBATION.

J'ai lu, par ordre de Monseigneur le Chancelier, un Manuscrit intitulé, *Essai sur le caractère, les mœurs & l'esprit des femmes dans les différens siècles*, & je n'y ai rien trouvé qui m'ait paru devoir en empêcher l'impression. A Paris, ce 16 Avril 1771.   DUCLOS.

PRIVILÉGE DU ROI.

LOUIS, PAR LA GRACE DE DIEU, ROI DE FRANCE ET DE NAVARRE : A nos amés & féaux Conseillers, les gens tenans nos Cours de Parlement, Maitres des Requêtes ordinaires de notre Hôtel, Grand-Conseil, Prevôt de Paris, Baillifs, Sénéchaux, leurs Lieutenans Civils, & autres nos Justiciers qu'il appartiendra ; SALUT. Notre amé le sieur THOMAS, de l'Académie Françoise, Nous a fait exposer qu'il désireroit faire imprimer & donner au Public, *les Eloges & discours de sa composition qui ont déjà paru, suivi d'un Essai sur le caractère, les mœurs & l'esprit des femmes*, &c. s'il Nous plaisoit lui accorder nos Lettres de Privilége pour ce nécessaires. A CES CAUSES, voulant favorablement traiter l'Exposant, Nous lui avons permis & permettons par ces Présentes de faire imprimer ledit Ouvrage autant de fois que bon lui semblera, & de le faire vendre, & débiter partout notre Royaume, pendant le temps de six années consécutives, à compter du jour de la date des Présentes. Faisons défenses à tous Imprimeurs, Libraires, & autres personnes, de quelque qualité & condition qu'elles soient, d'en introduire d'impression étrangère dans aucun lieu de notre obéissance. Comme aussi d'imprimer, ou faire imprimer, vendre, faire vendre, débiter ni contrefaire ledit Ouvrage, ni d'en faire aucuns Extraits, sous quelque prétexte que ce puisse être, sans la permission expresse & par écrit dudit Exposant, ou de ceux qui auront droit de lui, à peine de confiscation des Exemplaires contrefaits, de trois mille livres d'amende contre chacun des contrevenans, dont un tiers à Nous, un tiers à

l'Hôtel-Dieu de Paris, & l'autre tiers audit Exposant ;
on à celui qui aura droit de lui, & de tous dépens,
dommages & intérêts. A la charge que ces présentes
seront enregistrées tout au long sur le Regître de la
Communauté des Imprimeurs & Libraires de Paris, dans
trois mois de la date d'icelles : que l'impression dudit
Ouvrage sera faite dans notre Royaume, & non ailleurs,
en beau papier & beaux caractères : conformément aux
Réglemens de la Librairie, & notamment a celui du 10
Avril 1725, à peine de déchéance du présent Privilége ;
qu'avant de l'exposer en vente, le Manuscrit qui aura
servi de copie à l'impression dudit Ouvrage, sera remis
dans le même état ou l'Approbation y aura été donnée,
es mains de notre très-cher & féal Chevalier, Chancelier,
Garde des Sceaux de France, le sieur DE MAUPEOU ;
qu'il en sera ensuite remis deux Exemplaires dans notre
Bibliothèque publique, un dans celle de notre Château
du Louvre, & un dans celle audit sieur DE MAUPEOU ;
le tout à peine de nullité des Présentes. Du contenu
desquelles vous mandons & enjoignons de faire jouir
ledit Exposant & ses ayant causes, pleinement & paisi-
blement, sans souffrir qu'il leur soit fait aucun trouble
ou empêchement. Voulons qu'à la copie des Présentes,
qui sera imprimée tout au long, au commencement ou
a la fin dudit Ouvrage, soit tenue pour duement signifiée,
& qu'aux copies collationnées par l'un de nos amés &
féaux Conseillers-Secrétaires, soit foit ajoutée comme
a l'original. Commandons au premier notre Huissier ou
Sergent sur ce requis, de faire pour l'exécution d'icelles
tous actes requis & nécessaires, sans demander autre permission, & nonobstant clameur de Haro, Charte Nor-
mande, & Lettres à ce contraires. Car tel est notre plaisir. Donné à Versailles, le trente-unième jour du mois
de Décembre, l'an de grace mil sept cent soixante-onze,
& de notre Régne le cinquante-septième : Par le Roi en
son Conseil. LE BEGUE.

Registré sur le Regître XVIII. de la Chambre Royale &
Syndicale des Libraires & Imprimeurs de Paris, n°. 1304.
fol. 589. conformément au Réglement de 1723, qui fait
défenses, article XLI, à toutes personnes de quelques
qualités & conditions qu'elles soient, autres que les Libraires
& Imprimeurs, de vendre, débiter, faire afficher aucuns
Livres pour les vendre en leurs noms, soit qu'ils s'en disent
les Auteurs ou autrement : & à la charge de fournir à la
susdite Chambre neuf exemplaires prescrits par l'article CVIII.
du même Réglement. A Paris, ce 22 Janvier 1772.
          J. HÉRISSANT, *Syndic.*

www.ingramcontent.com/pod-product-compliance
Ingram Content Group UK Ltd.
Pitfield, Milton Keynes, MK11 3LW, UK
UKHW022014170726
13837UKWH00001B/188